中华人民共和国

安全生产法

新旧对照与重点解读

中国法制出版社

目　录

《中华人民共和国安全生产法》学习指引

安全生产法是我国安全生产领域的基础性、综合性法律。2002 年 6 月 29 日，第九届全国人民代表大会常务委员会第二十八次会议通过了《中华人民共和国安全生产法》，自 2002 年 11 月 1 日起施行。此后，安全生产法根据 2009 年 8 月 27 日第十一届全国人民代表大会常务委员会第十次会议《关于修改部分法律的决定》第一次修正，根据 2014 年 8 月 31 日第十二届全国人民代表大会常务委员会第十次会议《关于修改〈中华人民共和国安全生产法〉的决定》第二次修正。2021 年 6 月 10 日，第十三届全国人民代表大会常务委员会第二十九次会议《关于修改〈中华人民共和国安全生产法〉的决定》，对安全生产法进行第三次修正，此修改决定自 2021 年 9 月 1 日起施行。

安全生产法颁布实施以来，对依法加强安全生产工作，预防和减少生产安全事故，保障人民群众生命财产安全，发挥了重要法治保障作用。当前，新的发展阶段、发展理念和发展格局对安全生产提出了更高要求，亟需认真总结近年来安全生产领域实践经验和事故教训，不断健全安全生产法治体系。修改安全生产法，是贯彻落实党中央关于安全生产工作重大决策部署的迫切要求，是全面推进依法治国、促进实现安全生产治理体系和治理能力现代化的重要举措，是防范化解重大安全生产风险、建设更高水平平安中国的有力保障。

一、安全生产法的主要内容

修改后的安全生产法共七章，一百一十九条，主要内容包括：

（一）安全生产法的立法目的、指导思想、方针原则、监管体制。将防止和减少生产安全事故，保障人民群众生命和财产安全等作为立法目的。明确安全生产工作坚持中国共产党的领导，应当以人为本，坚持人民至上、生命至上。原则规定生产经营单位、从业人员的责任。对安全生产规划、安全生产监管体制、安全生产标准制定、安全生产宣传，以及服务机构职责、生产安全事故责任追究、安全生产权力和责任清单、先进技术推广和奖励机制等作出规定。

（二）生产经营单位的安全生产保障。一是生产经营单位主要负责人职责、全员安全生产责任制、资金投入，安全管理机构设置、人员配备、履职要求和能力建设。二是生产经营单位对从业人员的劳动防护、安全教育培训等安全保障义务。三是生产经营单位技术运用、特种作业人员培训。四是有关建设项目的安全评价、安全设施设计施工和验收等。五是生产经营场所和有关设施设备管理。六是重大危险源管理、安全风险管理、事故隐患排查治理、危险作业管理。七是安全生产有关的资质管理。八是事故抢救责任和工伤保险、安全生产责任保险。

（三）从业人员的安全生产权利义务。一是从业人员的劳动合同权益、安全生产有关事项知情权、建议权，以及批评、检举和控告权，紧急处理权。二是发生事故后从业人员的救治和赔偿，从业人员佩戴劳动防护用品、接受安全生产教育和培训、发现事故隐患及时报告等义务。三是工会对建设项目、经营单位日常工作和事故隐患的监督权力，依法参加事故调查的权利，以及被派遣劳动者的权益保护。

（四）安全生产的监督管理。一是应急管理部门和其他负有安全生产监督管理职责的部门的检查、审批、审查、验收、行政执法等权力。二是生产经营单位对监管部门的配合义务。三是安全生产监督检查人员的履职要求。四是负有安全生产监督管理职责的部门有权采取的强制措施。五是承担安全生产评价、认证、检测、检验职责的机构履职要求。六是举报处理制度、安全生产公益诉讼制度。七是违法行为和事故隐患举报奖励制度。八是违法行为信息库建设、联合惩戒、曝光等制度。

（五）生产安全事故的应急救援与调查处理。一是生产安全事故应急能力建设、应急救援预案、应急救援组织建设。二是事故报告、应急救援、事故调查、责任追究、事故统计等制度。

（六）法律责任。分别规定了负有安全生产监督管理职责的部门、有关中介机构、生产经营单位等主体及其人员实施违法行为的法律责任。

（七）附则。一是明确危险物品、重大危险源的含义。二是明确事故划分标准、危险源辨识标准、重大事故隐患判定标准的制定。三是本法实施日期是 2002 年 11 月 1 日，修正不改变整部法律的实施日期。

二、安全生产法 2021 年修改要点

2021 年安全生产法修改，主要包括以下内容：

（一）完善工作原则要求

一是明确规定安全生产工作坚持中国共产党的领导，在法律上贯彻落实坚持党的全面领导的要求，加强党对安全生产工作的领导作用。

二是进一步强调以人为本，坚持人民至上、生命至上，把保护人民生命安全摆在首位，树牢安全发展理念，坚持安全第一、预防为主、综合治理的方针，从源头上防范化解重大安全风险。

三是增加规定实行管行业必须管安全、管业务必须管安全、管生产经营必须管安全，厘清安全生产综合监管与行业监管的关系，明确应急管理部门、负有安全生产监督管理职责的有关部门、其他行业主管部门、党委和政府其他有关部门的责任。

（二）强化企业主体责任

一是进一步落实安全生产责任制。要求生产经营单位应当建立健全全员安全生产责任制和安全生产规章制度，加大对安全生产资金、物资、技术、人员的投入保障力度，改善安全生产条件，加强标准化、信息化建设，构建安全风险分级管控和隐患排查治理双重预防体系，健全风险防范化解机制。

二是强化有关负责人的法律责任。明确生产经营单位的主要负责人是本单位安全生产第一责任人，对本单位的安全生产工作全面负责，其他负责人对职责范围内的安全生产工作负责；完善生产经营单位的主要负责人、安全生产管理机构，以及安全生产管理人员的安全生产职责范围。

三是强化安全生产预防措施。规定生产经营单位应当建立安全风险分级管控制度，按安全风险分级采取相应管控措施。

四是加大对从业人员关怀。生产经营单位应当关注从业人员的身体、心理状况和行为习惯，加强对从业人员的心理疏导、精神慰藉，严格落实岗位安全生产责任，防范从业人员行为异常导致事故发生。

五是完善安全生产责任保险制度。明确规定属于国家规定的高危行业、领域的生产经营单位应当投保安全生产责任保险。

六是明确新业态生产经营单位的安全生产责任。要求平台经济等新兴行业、领域的生产经营单位应当根据本行业、领域的特点，建立健全并落实全员安全生产责任制，加强从业人员安全生产教育和培训，履行有关安全生产义务。

此外，针对餐饮等行业生产经营单位使用燃气存在的安全隐患，以及矿山、金属冶炼、危险物品有关建设项目施工单位非法转让施工资质、违法分包转包等突出问题，作出专门规定。

（三）加强监督管理力度

一是完善政府监督管理职责。规定各级人民政府应当加强安全生产基础设施和安全生产监管能力建设，所需经费列入本级预算。国务院交通运输、住房和城乡建设、水利、民航等有关部门在各自的职责范围内，对有关行业、领域的安全生产工作实施监督管理；县级以上地方各级人民政府应当组织有关部门建立完善安全风险评估与论证机制，对相关生产经营单位实施重大安全风险联防联控。乡镇人民政府和街道办事处，以及开发区、工业园区、港区、风景区等，应当明确负责安全生产监督管理的有关工作机构及其职责，加强安全生产监管力量建设，依法履行生产安全事故应急救援工作职责。县级以上各级人民政府应当组织负有安全生产监督管理职责的部门依法编制安全生产权力和责任清单，公开并接受社会监督。

二是加强监督管理信息化建设。规定国务院应急管理部门牵头建立全国统一的生产安全事故应急救援信息系统，国务院交通运输、住房和城乡建设、水利、民航等有关部门和县级以上地方人民政府建立健全相关行业、领域、地区的生产安全事故应急救援信息系统，实现互联互通、信息共享，通过推行网上安全信息采集、安全监管和监测预警，提升监管的精准化、智能化水平。有关地方人民政府应急管理部门和有关部门应当通过相关信息系统实现信息共享。

三是完善事故调查后的评估制度。要求负责事故调查处理的国务院有关部门和地方人民政府应当在批复事故调查报告后一年内，组织有关部门对事故整改和防范措施落实情况进行评估，并及时向社会公开评估结果；对不履行职责导致事故整改和防范措施没有落实的有关单位和人员，按照有关规定追究责任。

四是增加安全生产公益诉讼制度。规定因安全生产违法行为造成重大事故隐患或者导致重大事故，致使国家利益或者社会公共利益受到侵害的，人民检察院可以根据民事诉讼法、行政诉讼法的相关规定提起公益诉讼。

（四）加大对违法行为的处罚力度

一是提高罚款额度。在已有罚款规定的基础上，提高了对各类违法行为的罚款数额。

二是新设按日连续处罚制度。生产经营单位违反安全生产法有关规定，被责令改正且受到罚款处罚，拒不改正的，负有安全生产监督管理职责的部门可以自作出责令改正之日的次日起，按照原处罚数额按日连续处罚。

三是加大对严重违法生产经营单位的关闭力度，依法吊销有关证照，对有关负责人实施职业禁入。生产经营单位存在严重违法情形的，负有安全生产监督管理职责的部门应当提请地方人民政府予以关闭，有关部门应当依法吊销其有关证照，生产经营单位主要负责人五年内不得担任任何生产经营单位的主要负责人；情节严重的，终身不得担任本行业生产经营单位的主要负责人。对承担安全评价、认证、检测、检验职责的机构租借资质、挂靠、出具虚假报告的机构及其直接责任人员，吊销其相应资质和资格，五年内不得从事安全评价、认证、检测、检验等工作，情节严重的，实行终身行业和职业禁入。

四是加大对违法失信行为的联合惩戒力度。规定有关部门和机构应当对存在失信行为的生产经营单位及其有关从业人员采取加大执法检查频次、暂停项目审批、上调有关保险费率、行业或者职业禁入等联合惩戒措施，并向社会公示。

五是加大社会监督力度。负有安全生产监督管理职责的部门应当加强对生产经营单位行政处罚信息的及时归集、共享、应用和公开，对生产经营单位作出处罚决定后七个工作日内在监督管理部门公示系统予以公开曝光，强化对违法失信生产经营单位及其有关从业人员的社会监督，提高全社会安全生产诚信水平。

《中华人民共和国安全生产法》新旧对照与重点解读表*

（左栏黑体部分为增加、修改的内容；
右栏删除线部分为删除的内容）

目　录	目　录
第一章　总　则	第一章　总　则
第二章　生产经营单位的安全生产保障	第二章　生产经营单位的安全生产保障
第三章　从业人员的安全生产权利义务	第三章　从业人员的安全生产权利义务
第四章　安全生产的监督管理	第四章　安全生产的监督管理
第五章　生产安全事故的应急救援与调查处理	第五章　生产安全事故的应急救援与调查处理
第六章　法律责任	第六章　法律责任
第七章　附　则	第七章　附　则

* 以下表格左栏为根据2021年6月10日第十三届全国人民代表大会常务委员会第二十九次会议《关于修改〈中华人民共和国安全生产法〉的决定》第三次修正的《安全生产法》，右栏为根据2014年8月31日第十二届全国人民代表大会常务委员会第十次会议《关于修改〈中华人民共和国安全生产法〉的决定》第二次修正的《安全生产法》。

第一章　总　　则

第一条　【立法目的】

<table>
<tr><td>第一条　为了加强安全生产工作，防止和减少生产安全事故，保障人民群众生命和财产安全，促进经济社会持续健康发展，制定本法。</td><td>第一条　为了加强安全生产工作，防止和减少生产安全事故，保障人民群众生命和财产安全，促进经济社会持续健康发展，制定本法。</td></tr>
<tr><td colspan="2">1. 本条规定了本法的立法目的，主要包括四个方面，这四个方面共同构成了安全生产法律制度的价值目标。
2. 安全生产法的立法目的，是制定其他安全有关的法律和相关配套法规政策的基本遵循。</td></tr>
</table>

第二条　【适用范围】

<table>
<tr><td>第二条　在中华人民共和国领域内从事生产经营活动的单位（以下统称生产经营单位）的安全生产，适用本法；有关法律、行政法规对消防安全和道路交通安全、铁路交通安全、水上交通安全、民用航空安全以及核与辐射安全、特种设备安全另有规定的，适用其规定。</td><td>第二条　在中华人民共和国领域内从事生产经营活动的单位（以下统称生产经营单位）的安全生产，适用本法；有关法律、行政法规对消防安全和道路交通安全、铁路交通安全、水上交通安全、民用航空安全以及核与辐射安全、特种设备安全另有规定的，适用其规定。</td></tr>
<tr><td colspan="2">1. 本条是关于安全生产法适用范围的规定，作为安全生产领域的基础性、综合性法律，适用于我国领域内所有从事生产经营活动的单位的安全生产。</td></tr>
</table>

2. 有些从事生产经营活动的单位或者某些安全事项具有特殊性，需要单独进行规定。目前，这些领域的法规包括消防法、道路交通安全法、铁路法、海上交通安全法、民用航空法、核安全法、放射性污染防治法、特种设备安全法，以及相关的行政法规。按照特别法优于一般法的法律适用规则，这些法律、行政法规对特定行业、领域的安全生产另有规定的，适用其规定。

3. 以上除外规定并不是完全排除安全生产法的适用，安全生产法通用、一般的制度规则，对这些特殊行业、领域仍然是适用的。

第三条 【工作方针】

第三条　安全生产工作坚持中国共产党的领导。 安全生产工作应当以人为本，坚持**人民至上、生命至上，把保护人民生命安全摆在首位，树牢**安全发展**理念**，坚持安全第一、预防为主、综合治理的方针，**从源头上防范化解重大安全风险。** **安全生产工作实行管行业必须管安全、管业务必须管安全、管生产经营必须管安全，**强化和落实生产经营单位主体责任**与政府监管责任**，建立生产经营单位负责、职工参与、政府监管、行业自律和社会监督的机制。	**第三条**　安全生产工作应当以人为本，坚持安全发展，坚持安全第一、预防为主、综合治理的方针，强化和落实生产经营单位的主体责任，建立生产经营单位负责、职工参与、政府监管、行业自律和社会监督的机制。

1. 安全生产工作坚持党的领导，是安全生产工作的基本原则，这一修改是贯彻落实党的十九届五中全会精神的重要体现。

2. 坚持人民至上、生命至上，把保护人民生命安全摆在首位，“三管三必须”原则，是习近平总书记有关安全生产的重要论述，是党的十八大以来安全生产领域改革发展的重要成果，是安全生产制度建设工作开展的指导思想。

第四条　【生产经营单位基本义务】

第四条　生产经营单位必须遵守本法和其他有关安全生产的法律、法规，加强安全生产管理，建立健全**全员**安全生产责任制和安全生产规章制度，**加大对安全生产资金、物资、技术、人员的投入保障力度，**改善安全生产条件，**加强**安全生产标准化、**信息化**建设，**构建安全风险分级管控和隐患排查治理双重预防机制，健全风险防范化解机制，**提高安全生产水平，确保安全生产。 **平台经济等新兴行业、领域的生产经营单位应当根据本行业、领域的特点，建立健全并落实全员安全生产责任制，加强从业人员安全生产教育和培训，履行本法和其他法律、法规规定的有关安全生产义务。**	**第四条**　生产经营单位必须遵守本法和其他有关安全生产的法律、法规，加强安全生产管理，建立~~、~~健全安全生产责任制和安全生产规章制度，改善安全生产条件，~~推进~~安全生产标准化建设，提高安全生产水平，确保安全生产。

1. 本条第一款的修改是贯彻落实《中共中央、国务院关于推进安全生产领域改革发展的意见》（以下简称《意见》）“企业实行全员安全生产责任制度”“建立企业全过程安全生产和职业健康管理制度，做到安全责任、管理、投入、培训和应急救援‘五到位’”“构建风险分级管控和隐患排查治理双重预防工作机制，严防风险演变、隐患升级导致生产安全事故发生”规定的要求。

2. 近年来，平台经济等新兴行业、领域快速发展。一些电商外卖平台、快递配送等经营主体因为考核评价制度不科学，从业人员盲目追求经济利益，造成交通事故等频发，引发社会广泛关注。增加建立健全并落实全员安全生产责任、明确履行安全生产义务，保障从业人员人身安全和身心健康的规定，有利于督促引导平台经济经营主体更加重视安全，从根本上杜绝“染血的外卖”等事故。

第五条 【单位主要负责人主体责任】

第五条 生产经营单位的主要负责人**是本单位安全生产第一责任人，**对本单位的安全生产工作全面负责。**其他负责人对职责范围内的安全生产工作负责。**	**第五条** 生产经营单位的主要负责人对本单位的安全生产工作全面负责。

1. 本条对主要负责人和其他负责人的安全生产责任及责任范围作出明确规定。

2. 根据《意见》的要求，企业实行全员安全生产责任制度，法定代表人和实际控制人同为安全生产第一责任人。安全生产法修改后强化主要负责人的安全生产责任。

3. “其他负责人对职责范围内的安全生产工作负责”，是落实习近平总书记关于“管生产经营必须管安全”，以及《意见》中“主要技术负责人负有安全生产技术决策和指挥权，强化部门安全生产职责，落实一岗双责”要求。

第六条 【从业人员安全生产权利义务】

第六条 生产经营单位的从业人员有依法获得安全生产保障的权利，并应当依法履行安全生产方面的义务。	**第六条** 生产经营单位的从业人员有依法获得安全生产保障的权利，并应当依法履行安全生产方面的义务。

1. 本条从原则上规定了生产经营单位的从业人员安全生产的权利义务。

2. 获得安全生产保障方面的权利，主要包括知情权、获得劳动防护用品、对违章指挥的拒绝权、发生事故后及时获得抢救和获得救治、赔偿等权利。

3. 依法履行的义务，包括遵守安全生产规章制度和操作规程、接受安全生产教育和培训、发现事故隐患及时报告等义务。

第七条 【工会职责】

第七条 工会依法对安全生产工作进行监督。 生产经营单位的工会依法组织职工参加本单位安全生产工作的民主管理和民主监督，维护职工在安全生产方面的合法权益。生产经营单位制定或者修改有关安全生产的规章制度，应当听取工会的意见。	**第七条** 工会依法对安全生产工作进行监督。 生产经营单位的工会依法组织职工参加本单位安全生产工作的民主管理和民主监督，维护职工在安全生产方面的合法权益。生产经营单位制定或者修改有关安全生产的规章制度，应当听取工会的意见。

1. 工会是劳动者利益的代表，是职工利益的表达者和维护者。表达和维护广大职工群众的合法权益，是工会的基本职责，是工会一切工作的出发点和落脚点。

2. 工会作为职工维权的第一知情人、第一责任人和第一实施人，用人单位制定或者修改有关安全生产方面的规章制度，应当听取工会的意见。

第八条 【各级人民政府安全生产职责】

第八条 国务院和县级以上地方各级人民政府应当根据国民经济和社会发展规划制定安全生产规划，并组织实施。安全生产规划应当与**国土空间规划等相关**规划相衔接。 **各级人民政府应当加强安全生产基础设施建设和安全生产监管能力建设，所需经费列入本级预算。** **县级以上地方各级人民政府应**	**第八条第一款** 国务院和县级以上地方各级人民政府应当根据国民经济和社会发展规划制定安全生产规划，并组织实施。安全生产规划应当与~~城乡~~规划相衔接。

当组织有关部门建立完善安全风险评估与论证机制，按照安全风险管控要求，进行产业规划和空间布局，并对位置相邻、行业相近、业态相似的生产经营单位实施重大安全风险联防联控。	
1. 按照有关文件要求，建立国土空间规划体系并监督实施，将主体功能区规划、土地利用规划、城乡规划等空间规划融合为统一的国土空间规划，实现“多规合一”。 2. 贯彻落实《意见》关于安全风险评估与论证机制的要求，即“地方各级政府要建立完善安全风险评估与论证机制，科学合理确定企业选址和基础设施建设、居民生活区空间布局……位置相邻、行业相近、业态相似的地区和行业要建立完善重大安全风险联防联控机制”。	

第九条 【安全生产监督管理职责】

第九条 国务院和县级以上地方各级人民政府应当加强对安全生产工作的领导，**建立健全安全生产工作协调机制，支持、督促各有关部门依法履行安全生产监督管理职责**，及时协调、解决安全生产监督管理中存在的重大问题。 乡镇人民政府**和**街道办事处，**以及开发区、工业园区、港区、风景区**等应当**明确负责安全生产监督管理的有关工作机构及其职责，加强安全生产监管力量建设，**按照职责对本行政区域**或者管理区域**内生产经营单位安全生产状况	**第八条第二款** 国务院和县级以上地方各级人民政府应当加强对安全生产工作的领导，~~支持、督促各有关部门依法履行安全生产监督管理职责，建立健全安全生产工作协调机制，~~及时协调、解决安全生产监督管理中存在的重大问题。 **第三款** 乡~~、~~镇人民政府~~以及~~街道办事处~~、~~开发区~~管理机构~~等~~地方人民政府的派出机关~~应当按照职责~~，加强~~对本行政区域内生产经营单位安全生产状况的监督检查，协助~~上级~~人民政府有关部门依法履行安全生产监督管理职责。

进行监督检查，协助人民政府有关部门**或者按照授权**依法履行安全生产监督管理职责。	

1. 国务院和县级以上地方各级人民政府主要承担安全生产工作的领导职责，发挥建立健全协调机制和支持、督促、协调解决重大问题的作用。

2. 贯彻落实改革发展要求，完善各类开发区、工业园区、港区、风景区等功能区安全生产监督管理体制，明确负责安全生产监督管理的机构，以及港区安全生产地方监管和部门监督管理责任。

3. 授权依法履行安全生产监督管理职责，是为了赋予乡镇人民政府和街道办事处及开发区等依照地方立法履行相应的监督管理职责。此次修改前，一些地区的安全生产条例规定乡镇人民政府、街道办事处开展接受上级政府有关部门委托或者授权实施安全监督管理工作，取得了良好效果。

第十条　【安全生产监督管理体制】

第十条　国务院**应急**管理部门依照本法，对全国安全生产工作实施综合监督管理；县级以上地方各级人民政府**应急**管理部门依照本法，对本行政区域内安全生产工作实施综合监督管理。 国务院**交通运输、住房和城乡建设、水利、民航等**有关部门依照本法和其他有关法律、行政法规的规定，在各自的职责范围内对有关行业、领域的安全生产工作实施监督管理；县级以上地方各级人民政府有关部门依照本法和其他有关法律、法规的规定，在各自的职责范围内对有关行业、	**第九条**　国务院~~安全生产监督~~管理部门依照本法，对全国安全生产工作实施综合监督管理；县级以上地方各级人民政府~~安全生产监督~~管理部门依照本法，对本行政区域内安全生产工作实施综合监督管理。 国务院有关部门依照本法和其他有关法律、行政法规的规定，在各自的职责范围内对有关行业、领域的安全生产工作实施监督管理；县级以上地方各级人民政府有关部门依照本法和其他有关法律、法规的规定，在各自的职责范围内对有关行业、领域的安全生

领域的安全生产工作实施监督管理。**对新兴行业、领域的安全生产监督管理职责不明确的，由县级以上地方各级人民政府按照业务相近的原则确定监督管理部门。** **应急**管理部门和对有关行业、领域的安全生产工作实施监督管理的部门，统称负有安全生产监督管理职责的部门。**负有安全生产监督管理职责的部门应当相互配合、齐抓共管、信息共享、资源共用，依法加强安全生产监督管理工作。**	产工作实施监督管理。 ~~安全生产监督~~管理部门和对有关行业、领域的安全生产工作实施监督管理的部门，统称负有安全生产监督管理职责的部门。

1. 按照“三管三必须”原则，应急管理部门履行综合监督管理职责，有关部门履行对本行业、领域的安全生产监督管理职责，并明确负有安全生产监督管理职责的部门应当相互配合、齐抓共管、信息共享、资源共用，这既有利于各部门各司其职，又有利于发挥监管合力。

2. 通常情况下，每个行业、领域都应当归入相应的监督管理部门，但实际中一些新出现的行业领域可能因为各种原因暂时没有确定监督管理部门。为了避免监管真空，需要按照业务相近的原则确定一个对应的监督管理部门。各级政府针对这一情况，应当及时对有关部门的职责进行调整，将新兴行业、领域纳入法定监督管理范围。

第十一条　【安全生产有关标准】

第十一条　国务院有关部门应当按照保障安全生产的要求，依法及时制定有关的国家标准或者行业标准，并根据科技进步和经济发展适时修订。 生产经营单位必须执行依法制定的保障安全生产的国家标准或者行业标准。	**第十条**　国务院有关部门应当按照保障安全生产的要求，依法及时制定有关的国家标准或者行业标准，并根据科技进步和经济发展适时修订。 生产经营单位必须执行依法制定的保障安全生产的国家标准或者行业标准。

1. 制定并适时修订安全生产的国家标准或者行业标准，是国家履行安全生产工作职责的重要方面，包括生产作业场所的安全标准，生产作业、施工的工艺安全标准，安全设备、设施、器材和安全防护用品的产品安全标准等。这些标准在生产经营活动中应严格执行。

2. 根据2017年修订的标准化法的规定，强制性标准必须执行。法律、行政法规和国务院决定对强制性标准的制定另有规定的，从其规定。根据国务院2015年印发的《深化标准化工作改革方案》的规定，逐步将现行强制性国家标准、行业标准和地方标准整合为强制性国家标准；安全生产、公安、税务标准暂按现有模式管理。也就是说，保障安全生产的原有强制性行业标准，可继续强制执行。

第十二条 【安全生产强制性国家标准的制定】

第十二条 国务院有关部门按照职责分工负责安全生产强制性国家标准的项目提出、组织起草、征求意见、技术审查。国务院应急管理部门统筹提出安全生产强制性国家标准的立项计划。国务院标准化行政主管部门负责安全生产强制性国家标准的立项、编号、对外通报和授权批准发布工作。国务院标准化行政主管部门、有关部门依据法定职责对安全生产强制性国家标准的实施进行监督检查。	

1. 《意见》对安全生产强制性国家标准的制定程序改革提出明确要求，目前的工作体制分工已经国务院确定，此次修改在法律中予以明确。

2. 规定国务院有关部门指定安全生产强制性国家标准的职责分工和程序，特别是明确国务院应急管理部门统筹提出立项计划，标准化行政主管部门和有关部门实施监督检查有利于各项标准之间相互衔接和协调。

第十三条 【安全生产宣传教育】

第十三条 各级人民政府及其有关部门应当采取多种形式，加强对有关安全生产的法律、法规和安全生产知识的宣传，增强全社会的安全生产意识。	**第十一条** 各级人民政府及其有关部门应当采取多种形式，加强对有关安全生产的法律、法规和安全生产知识的宣传，增强全社会的安全生产意识。

1. 本条的义务主体是各级人民政府及其有关部门，采取的形式多种多样，可以通过电视、报刊、广播和互联网等媒体。

2. 宣传的目的，是充分发挥社会监督、舆论监督和群众监督的作用，对政府及其有关部门在安全生产工作方面依法行政的情况，对生产经营单位贯彻执行安全生产法律、法规的情况进行监督，保证有关安全生产的法律、法规真正落到实处。

第十四条 【协会组织职责】

第十四条 有关协会组织依照法律、行政法规和章程，为生产经营单位提供安全生产方面的信息、培训等服务，发挥自律作用，促进生产经营单位加强安全生产管理。	**第十二条** 有关协会组织依照法律、行政法规和章程，为生产经营单位提供安全生产方面的信息、培训等服务，发挥自律作用，促进生产经营单位加强安全生产管理。

有关协会组织主要应当通过发挥协调职能、服务职能、监督管理职能，立足"提供服务、反映诉求、规范行为"的职责定位，促进生产经营单位加强安全生产管理，在促进我国安全生产状况的根本好转方面发挥更大的作用。

第十五条 【安全生产技术、管理服务中介机构】

第十五条 依法设立的为安全生产提供技术、管理服务的机构，依照法律、行政法规和执业准则，接受生产经营单位的委托为其安全生产工作提供技术、管理服务。 生产经营单位委托前款规定的机构提供安全生产技术、管理服务的，保证安全生产的责任仍由本单位负责。	**第十三条** 依法设立的为安全生产提供技术、管理服务的机构，依照法律、行政法规和执业准则，接受生产经营单位的委托为其安全生产工作提供技术、管理服务。 生产经营单位委托前款规定的机构提供安全生产技术、管理服务的，保证安全生产的责任仍由本单位负责。

1. 专业安全生产服务机构可以申请专业技术服务资质证书，并在许可的范围内开展活动。安全生产服务机构开展安全生产技术、管理服务，应当遵守公开、公正、诚信和自愿的原则，按照政府指导价或者行业自律价，与委托方签订委托协议，明确双方的权利和义务。

2. 生产经营单位委托相关机构为其安全生产提供技术、管理服务，属于单位内部安全生产管理的一种方式，对生产经营单位的安全生产责任本身没有任何影响，其安全生产责任并不因委托相关机构而减轻或者免除。

第十六条 【事故责任追究制度】

第十六条 国家实行生产安全事故责任追究制度，依照本法和有关法律、法规的规定，追究生产安全事故**责任单位和**责任人员的法律责任。	**第十四条** 国家实行生产安全事故责任追究制度，依照本法和有关法律、法规的规定，追究生产安全事故责任人员的法律责任。

1. 本条确立了事故责任追究制度，此次修改考虑到责任单位和责任人员均属于生产安全事故责任追究的对象，因此在2014年修正的安全生产法规定的责任人员的基础上，增加了责任单位；依法追究相关单

位人员的法律责任，主要是起到警戒和教育的作用。

2. 责任单位和责任人员承担的责任主要包括行政责任、民事责任和刑事责任，具体的责任形式在本法法律责任一章中有明确规定。

第十七条 【安全生产权力和责任清单】

第十七条　县级以上各级人民政府应当组织负有安全生产监督管理职责的部门依法编制安全生产权力和责任清单，公开并接受社会监督。	

1. 本条是此次修改新增加的内容，主要是贯彻落实《意见》“依法依规制定各有关部门安全生产权力和责任清单”规定的要求。

2. 权力和责任清单的重要功能是明确各部门权力边界，防止权力滥用，压实责任环节。通过公开安全生产权力和责任清单，方便社会了解和掌握政府部门责任，以便加强监督，促进安全监管水平持续提高。

第十八条 【安全生产科学技术研究】

第十八条　国家鼓励和支持安全生产科学技术研究和安全生产先进技术的推广应用，提高安全生产水平。	**第十五条**　国家鼓励和支持安全生产科学技术研究和安全生产先进技术的推广应用，提高安全生产水平。

1. 针对各行业生产经营活动的特点，加强对安全高效的设备、工具、工艺方法和有效的安全防护用品的研究开发，加快安全生产关键技术装备的换代升级，是保障安全生产的重要环节。

2. 国家通过资金、税收、人才等多方面采取优惠措施，加大对高危行业安全技术、装备、工艺和产品研发的支持力度，引导高危行业提高机械化、自动化生产水平。

第十九条　【奖励】

第十九条　国家对在改善安全生产条件、防止生产安全事故、参加抢险救护等方面取得显著成绩的单位和个人，给予奖励。	**第十六条**　国家对在改善安全生产条件、防止生产安全事故、参加抢险救护等方面取得显著成绩的单位和个人，给予奖励。

1. 奖励的情形主要包括三个方面：一是改善安全生产条件，如发明新的安全高效的机器、设备、工具；二是防止生产安全事故，如及时发现、消除生产安全事故隐患；三是参加抢险救护，如为抢救国家和人民的生命财产作出重要贡献。

2. 给予奖励的主体可以是各级人民政府，也可以是政府有关部门。受奖励的主体，可以是单位，也可以是个人。

第二章　生产经营单位的安全生产保障

第二十条　【安全生产条件】

<table>
<tr><td>第二十条　生产经营单位应当具备本法和有关法律、行政法规和国家标准或者行业标准规定的安全生产条件；不具备安全生产条件的，不得从事生产经营活动。</td><td>第十七条　生产经营单位应当具备本法和有关法律、行政法规和国家标准或者行业标准规定的安全生产条件；不具备安全生产条件的，不得从事生产经营活动。</td></tr>
<tr><td colspan="2">1. 安全生产条件在本法和相关法律中均有明确规定，如本法规定的建设项目的安全设施的“三同时”要求，设置安全生产管理机构和配备安全生产管理人员的要求等。此外，建筑法、危险化学品安全管理条例等其他法律法规，以及相关的国家标准和行业标准，也对安全生产条件作出了相应的规定。
2. 生产经营单位不具备安全生产条件从事生产经营活动的，由监管部门根据违法情况责令限期改正、责令停产停业整顿、罚款或者责令关闭。</td></tr>
</table>

第二十一条　【单位主要负责人安全生产职责】

<table>
<tr><td>第二十一条　生产经营单位的主要负责人对本单位安全生产工作负有下列职责：
（一）建立健全并落实本单位全员安全生产责任制，加强安全生产标准化建设；
（二）组织制定并实施本单位安全生产规章制度和操作规程；</td><td>第十八条　生产经营单位的主要负责人对本单位安全生产工作负有下列职责：
（一）建立、健全本单位安全生产责任制；
（二）组织制定本单位安全生产规章制度和操作规程；
（三）组织制定并实施本单位</td></tr>
</table>

（三）组织制定并实施本单位安全生产教育和培训计划； （四）保证本单位安全生产投入的有效实施； （五）**组织建立并落实安全风险分级管控和隐患排查治理双重预防工作机制，**督促、检查本单位的安全生产工作，及时消除生产安全事故隐患； （六）组织制定并实施本单位的生产安全事故应急救援预案； （七）及时、如实报告生产安全事故。	安全生产教育和培训计划； （四）保证本单位安全生产投入的有效实施； （五）督促、检查本单位的安全生产工作，及时消除生产安全事故隐患； （六）组织制定并实施本单位的生产安全事故应急救援预案； （七）及时、如实报告生产安全事故。

生产经营单位的主要负责人是本单位安全生产的第一责任人，有责任、有义务在搞好单位生产经营活动的同时，搞好单位的安全生产工作。此次修改增加的内容，主要是考虑到标准化建设、双控机制等属于企业安全生产基础性、保障性工作，将其明确为主要负责人的法定职责有利于相关工作机制得到更好的落实。

第二十二条　【全员安全生产责任制】

第二十二条　生产经营单位的**全员**安全生产责任制应当明确各岗位的责任人员、责任范围和考核标准等内容。 生产经营单位应当建立相应的机制，加强对**全员**安全生产责任制落实情况的监督考核，保证**全员**安全生产责任制的落实。	**第十九条**　生产经营单位的安全生产责任制应当明确各岗位的责任人员、责任范围和考核标准等内容。 生产经营单位应当建立相应的机制，加强对安全生产责任制落实情况的监督考核，保证安全生产责任制的落实。

1. 全员安全生产责任制应当做到定岗位、定人员、定安全责任，根据岗位的实际工作情况，确定相应的人员，明确岗位职责和相应的安全生产职责，并明确相应的考核标准。

2. 生产经营单位应当根据本单位实际，建立由本单位主要负责人牵头、相关负责人、安全生产管理机构负责人以及人事、财务等相关职能部门人员组成的安全生产责任制监督考核领导机构，协调处理全员安全生产责任制执行中的问题。

第二十三条　【保证安全生产资金投入】

第二十三条　生产经营单位应当具备的安全生产条件所必需的资金投入，由生产经营单位的决策机构、主要负责人或者个人经营的投资人予以保证，并对由于安全生产所必需的资金投入不足导致的后果承担责任。 有关生产经营单位应当按照规定提取和使用安全生产费用，专门用于改善安全生产条件。安全生产费用在成本中据实列支。安全生产费用提取、使用和监督管理的具体办法由国务院财政部门会同国务院**应急**管理部门征求国务院有关部门意见后制定。	**第二十条**　生产经营单位应当具备的安全生产条件所必需的资金投入，由生产经营单位的决策机构、主要负责人或者个人经营的投资人予以保证，并对由于安全生产所必需的资金投入不足导致的后果承担责任。 有关生产经营单位应当按照规定提取和使用安全生产费用，专门用于改善安全生产条件。安全生产费用在成本中据实列支。安全生产费用提取、使用和监督管理的具体办法由国务院财政部门会同国务院~~安全生产监督~~管理部门征求国务院有关部门意见后制定。

1. 生产经营单位应具备的安全生产条件，需要一定的资金保证，用于安全设施的建设，安全设备的购置，为从业人员配备劳动防护用品，对安全设备进行检测、维护、保养等。保障资金投入需要强化有关人员的保证责任。

2. 按照现行规定，直接从事煤炭生产、非煤矿山开采、建设工程施工、危险品生产与储存、交通运输、烟花爆竹生产、冶金、机械制造、武器装备研制生产与试验（含民用航空及核燃料）的企业，以及其他经济组织必须按照规定的标准提取安全生产费用，并专项用于规定的范围。

第二十四条 【安全生产管理机构及人员】

第二十四条 矿山、金属冶炼、建筑施工、运输单位和危险物品的生产、经营、储存、**装卸**单位，应当设置安全生产管理机构或者配备专职安全生产管理人员。 前款规定以外的其他生产经营单位，从业人员超过一百人的，应当设置安全生产管理机构或者配备专职安全生产管理人员；从业人员在一百人以下的，应当配备专职或者兼职的安全生产管理人员。	**第二十一条** 矿山、金属冶炼、建筑施工、~~道路~~运输单位和危险物品的生产、经营、储存单位，应当设置安全生产管理机构或者配备专职安全生产管理人员。 前款规定以外的其他生产经营单位，从业人员超过一百人的，应当设置安全生产管理机构或者配备专职安全生产管理人员；从业人员在一百人以下的，应当配备专职或者兼职的安全生产管理人员。

1. “安全生产管理机构”是指生产经营单位内部设立的专门负责安全生产管理事务的独立的部门；“专职安全生产管理人员”，是指在生产经营单位中专门负责安全生产管理，不再兼作其他工作的人员。

2. 矿山、金属冶炼、建筑施工、运输单位和危险物品生产、经营、储存、装卸单位从事的生产经营活动危险性比较大，必须成立专门从事安全生产管理工作的机构，或者配备专职安全生产管理人员。具体是设机构还是配备专职人员，根据企业规模决定。

3. 矿山、金属冶炼、建筑施工、运输单位和危险物品的生产、经营、储存、装卸单位以外的其他生产经营单位，分两种情况：一是从业人员在100人以上的，规模较大，通常人员密集，应当设置安全生产管理机构或者配备专职安全生产管理人员；二是从业人员在100人以下的，生产经营规模较小，生产经营活动风险较小，不要求必须设置安全生产管理机构，可以配备专职的安全生产管理人员，也可以配备兼职的安全生产管理人员。

第二十五条 【安全生产管理机构及人员的职责】

第二十五条 生产经营单位的安全生产管理机构以及安全生产管理人员履行下列职责： （一）组织或者参与拟订本单位安全生产规章制度、操作规程和生产安全事故应急救援预案； （二）组织或者参与本单位安全生产教育和培训，如实记录安全生产教育和培训情况； （三）**组织开展危险源辨识和评估，**督促落实本单位重大危险源的安全管理措施； （四）组织或者参与本单位应急救援演练； （五）检查本单位的安全生产状况，及时排查生产安全事故隐患，提出改进安全生产管理的建议； （六）制止和纠正违章指挥、强令冒险作业、违反操作规程的行为； （七）督促落实本单位安全生产整改措施。 **生产经营单位可以设置专职安全生产分管负责人，协助本单位主要负责人履行安全生产管理职责。**	**第二十二条** 生产经营单位的安全生产管理机构以及安全生产管理人员履行下列职责： （一）组织或者参与拟订本单位安全生产规章制度、操作规程和生产安全事故应急救援预案； （二）组织或者参与本单位安全生产教育和培训，如实记录安全生产教育和培训情况； （三）督促落实本单位重大危险源的安全管理措施； （四）组织或者参与本单位应急救援演练； （五）检查本单位的安全生产状况，及时排查生产安全事故隐患，提出改进安全生产管理的建议； （六）制止和纠正违章指挥、强令冒险作业、违反操作规程的行为； （七）督促落实本单位安全生产整改措施。

1. 安全生产管理机构和安全生产管理人员根据生产经营单位主要负责人的安排和担负的职责义务，承担组织制定安全生产规章制度、安全生产教育和培训、危险源辨识评估和安全管理、应急救援演练、排查生产安全事故隐患、制止和纠正违章指挥、督促整改等方面的职责。

2. 生产经营单位可以根据实际情况，设置专职安全生产分管负责人。一些地方规定，高危企业应当设置安全生产总监，协助主要负责人履行本单位安全生产管理职责。

第二十六条　【履职要求与履职保障】

第二十六条　生产经营单位的安全生产管理机构以及安全生产管理人员应当恪尽职守，依法履行职责。 生产经营单位作出涉及安全生产的经营决策，应当听取安全生产管理机构以及安全生产管理人员的意见。 生产经营单位不得因安全生产管理人员依法履行职责而降低其工资、福利等待遇或者解除与其订立的劳动合同。 危险物品的生产、储存单位以及矿山、金属冶炼单位的安全生产管理人员的任免，应当告知主管的负有安全生产监督管理职责的部门。	**第二十三条**　生产经营单位的安全生产管理机构以及安全生产管理人员应当恪尽职守，依法履行职责。 生产经营单位作出涉及安全生产的经营决策，应当听取安全生产管理机构以及安全生产管理人员的意见。 生产经营单位不得因安全生产管理人员依法履行职责而降低其工资、福利等待遇或者解除与其订立的劳动合同。 危险物品的生产、储存单位以及矿山、金属冶炼单位的安全生产管理人员的任免，应当告知主管的负有安全生产监督管理职责的部门。

1. 对于本条等规定的职责和义务，安全生产管理机构及安全生产管理人员都应当履行。

2. 本条第二款、第三款、第四款主要规定了安全生产管理机构及人员的履职保障：一是参与安全生产有关的经营决策；二是劳动关系和工资福利保障；三是部分高危行业安全生产管理人员的备案管理。规定这些措施，主要目的是防止安全生产管理人员被打击报复，保障其开展安全生产管理工作。

第二十七条 【安全生产知识与管理能力】

第二十七条 生产经营单位的主要负责人和安全生产管理人员必须具备与本单位所从事的生产经营活动相应的安全生产知识和管理能力。 危险物品的生产、经营、储存、**装卸**单位以及矿山、金属冶炼、建筑施工、运输单位的主要负责人和安全生产管理人员，应当由主管的负有安全生产监督管理职责的部门对其安全生产知识和管理能力考核合格。考核不得收费。 危险物品的生产、储存、**装卸**单位以及矿山、金属冶炼单位应当有注册安全工程师从事安全生产管理工作。鼓励其他生产经营单位聘用注册安全工程师从事安全生产管理工作。注册安全工程师按专业分类管理，具体办法由国务院人力资源和社会保障部门、国务院**应急**管理部门会同国务院有关部门制定。	**第二十四条** 生产经营单位的主要负责人和安全生产管理人员必须具备与本单位所从事的生产经营活动相应的安全生产知识和管理能力。 危险物品的生产、经营、储存单位以及矿山、金属冶炼、建筑施工、~~道路~~运输单位的主要负责人和安全生产管理人员，应当由主管的负有安全生产监督管理职责的部门对其安全生产知识和管理能力考核合格。考核不得收费。 危险物品的生产、储存单位以及矿山、金属冶炼单位应当有注册安全工程师从事安全生产管理工作。鼓励其他生产经营单位聘用注册安全工程师从事安全生产管理工作。注册安全工程师按专业分类管理，具体办法由国务院人力资源和社会保障部门、国务院~~安全生产监督~~管理部门会同国务院有关部门制定。

1. 生产经营单位的主要负责人须组织、领导本单位的安全生产管理工作，并承担保证安全生产的责任；安全生产管理人员是本单位直接、具体承担本单位日常的安全生产管理工作的人员。这两类人员都应当具备相应的知识和管理能力。

2. 危险物品的生产、经营、储存、装卸单位以及矿山、金属冶炼、建筑施工、运输单位专业性强、危险性大，属于事故多发的领域，对于这类生产经营单位的主要负责人和安全生产管理人员，应当通过考核等手段，确保其安全生产知识和管理能力符合要求。为防止主管部门借考核营利，增加企业负担，法律规定了考核不得收费。

3. 注册安全工程师是指经全国统一考试合格，取得中华人民共和国注册安全工程师执业资格证书和执业证，在生产经营单位从事安全生产管理、技术工作或者在安全生产中介机构从事有关安全生产技术服务工作的人员。危险物品的生产、储存、装卸单位以及矿山、金属冶炼单位应当配备注册安全工程师从事安全生产管理工作。

第二十八条 【安全生产教育和培训】

第二十八条 生产经营单位应当对从业人员进行安全生产教育和培训，保证从业人员具备必要的安全生产知识，熟悉有关的安全生产规章制度和安全操作规程，掌握本岗位的安全操作技能，了解事故应急处理措施，知悉自身在安全生产方面的权利和义务。未经安全生产教育和培训合格的从业人员，不得上岗作业。 生产经营单位使用被派遣劳动者的，应当将被派遣劳动者纳入本单位从业人员统一管理，对被派遣劳动者进行岗位安全操作规程和安全操作技能的教育和培训。劳务派遣单位应当对被派遣劳动者进行必要的安全生产教育和培训。 生产经营单位接收中等职业学校、高等学校学生实习的，应当对实习学生进行相应的安全生产教育和培训，提供必要的劳动	**第二十五条** 生产经营单位应当对从业人员进行安全生产教育和培训，保证从业人员具备必要的安全生产知识，熟悉有关的安全生产规章制度和安全操作规程，掌握本岗位的安全操作技能，了解事故应急处理措施，知悉自身在安全生产方面的权利和义务。未经安全生产教育和培训合格的从业人员，不得上岗作业。 生产经营单位使用被派遣劳动者的，应当将被派遣劳动者纳入本单位从业人员统一管理，对被派遣劳动者进行岗位安全操作规程和安全操作技能的教育和培训。劳务派遣单位应当对被派遣劳动者进行必要的安全生产教育和培训。 生产经营单位接收中等职业学校、高等学校学生实习的，应当对实习学生进行相应的安全生产教育和培训，提供必要的劳动

防护用品。学校应当协助生产经营单位对实习学生进行安全生产教育和培训。 生产经营单位应当建立安全生产教育和培训档案，如实记录安全生产教育和培训的时间、内容、参加人员以及考核结果等情况。	防护用品。学校应当协助生产经营单位对实习学生进行安全生产教育和培训。 生产经营单位应当建立安全生产教育和培训档案，如实记录安全生产教育和培训的时间、内容、参加人员以及考核结果等情况。

1. 生产经营单位应当按照本单位安全生产教育和培训计划的总体要求，结合各个工作岗位的特点，科学、合理地安排教育和培训工作。采取多种形式开展教育培训，包括组织专门的安全教育培训班、作业现场模拟操作培训、召开事故现场分析会等，确保取得实效。

2. 生产经营单位应当打破被派遣劳动者与本单位从业人员的区别，严格按照岗位特点、人员结构、新员工或者调换工种人员等情况，统一组织安全生产教育和培训，包括对被派遣劳动者进行岗位安全操作规程和安全操作技能的教育和培训，保证相同岗位、相同人员（被派遣劳动者和从业人员）达到同等的水平。

3. 生产经营单位接收中等职业学校、高等学校学生实习的，应当根据本单位生产经营的特点、各种危险性的状况，对实习学生进行相应的安全生产教育和培训，并提供必要的劳动防护用品。学校作为实习学生的管理方，应当协助和配合生产经营单位对实习学生进行安全生产教育和培训。

4. 安全生产教育和培训档案的内容应当详细记录每位从业人员参加安全生产教育培训的时间、内容、考核结果以及复训情况等，包括按照规定参加政府组织的安全培训的主要负责人、安全生产管理人员和特种作业人员的情况。

第二十九条　【技术更新的教育和培训】

<table>
<tr><td>第二十九条　生产经营单位采用新工艺、新技术、新材料或者使用新设备，必须了解、掌握其安全技术特性，采取有效的安全防护措施，并对从业人员进行专门的安全生产教育和培训。</td><td>第二十六条　生产经营单位采用新工艺、新技术、新材料或者使用新设备，必须了解、掌握其安全技术特性，采取有效的安全防护措施，并对从业人员进行专门的安全生产教育和培训。</td></tr>
<tr><td colspan="2">1. 生产经营单位对采用的新工艺、新技术、新材料或者使用的新设备在生产经营过程中可能产生的危险因素的性质、可能产生的危害后果、如何预防这种危险因素造成事故的措施以及一旦发生事故时如何妥善处理等事项，都要了解和掌握。
2. 对相关的从业人员进行专门的安全生产教育和培训的目的，是使其掌握相关的安全规章制度和安全操作规程，具备必要的安全生产知识和安全操作技能。</td></tr>
</table>

第三十条　【特种作业人员从业资格】

<table>
<tr><td>第三十条　生产经营单位的特种作业人员必须按照国家有关规定经专门的安全作业培训，取得相应资格，方可上岗作业。
特种作业人员的范围由国务院应急管理部门会同国务院有关部门确定。</td><td>第二十七条　生产经营单位的特种作业人员必须按照国家有关规定经专门的安全作业培训，取得相应资格，方可上岗作业。
特种作业人员的范围由国务院<s>安全生产监督管理</s>部门会同国务院有关部门确定。</td></tr>
<tr><td colspan="2">1. 特种作业人员的资格是安全准入类，属于行政许可范畴，由主管的负有安全生产监督管理职责的部门实施特种作业人员的考核发证工作，未经培训和考核合格，不得上岗作业。
2. 特种作业人员实行目录管理，具体范围由国务院应急管理部门会同国务院有关部门确定。有关部门应当相互协作，科学、合理、及时确定特种作业人员的范围，以满足实际工作的需要。</td></tr>
</table>

第三十一条　【建设项目安全设施"三同时"】

第三十一条　生产经营单位新建、改建、扩建工程项目（以下统称建设项目）的安全设施，必须与主体工程同时设计、同时施工、同时投入生产和使用。安全设施投资应当纳入建设项目概算。	第二十八条　生产经营单位新建、改建、扩建工程项目（以下统称建设项目）的安全设施，必须与主体工程同时设计、同时施工、同时投入生产和使用。安全设施投资应当纳入建设项目概算。

"新建"是指从基础开始建造的建设项目；"扩建"是指在原有基础上加以扩充的建设项目；"改建"是指不增加建筑物或建设项目体量，在原有基础上，为提高生产效率，改进产品质量，改变产品方向，或改善建筑物使用功能、改变使用目的，对原有工程进行改造的建设项目。同时设计、同时施工、同时投入生产和使用，称为"三同时"原则。生产经营单位违反"三同时"原则，应当承担相应的法律责任。

第三十二条　【特殊建设项目安全评价】

第三十二条　矿山、金属冶炼建设项目和用于生产、储存、装卸危险物品的建设项目，应当按照国家有关规定进行安全评价。	第二十九条　矿山、金属冶炼建设项目和用于生产、储存、装卸危险物品的建设项目，应当按照国家有关规定进行安全评价。

建设项目的安全评价，主要是指在建设项目的可行性研究阶段的安全预评价，即根据建设项目可行性研究阶段报告的内容，运用科学的评价方法，分析和预测该建设项目存在的危险、危害因素的种类和危险、危害程度，提出合理可行的安全技术和管理对策，作为该建设项目初步设计中安全设计和建设项目安全管理、监察的重要依据。

第三十三条　【特殊建设项目安全设计审查】

第三十三条　建设项目安全设施的设计人、设计单位应当对安全设施设计负责。 矿山、金属冶炼建设项目和用于生产、储存、装卸危险物品的建设项目的安全设施设计应当按照国家有关规定报经有关部门审查，审查部门及其负责审查的人员对审查结果负责。	**第三十条**　建设项目安全设施的设计人、设计单位应当对安全设施设计负责。 矿山、金属冶炼建设项目和用于生产、储存、装卸危险物品的建设项目的安全设施设计应当按照国家有关规定报经有关部门审查，审查部门及其负责审查的人员对审查结果负责。

1. 建设项目安全设施的设计人、设计单位对安全设施设计负责，应当达到下列要求：一是设计人、设计单位必须按照资质等级承担相应的安全设施设计任务；二是应当保证安全设施的设计质量；三是对因安全设施问题造成的后果负责。

2. 有关部门及其负责审查的人员，应当坚持原则，认真履行各自审查职责，对符合要求的安全设施设计，予以批准；对于不符合要求的安全设施设计，有权责令有关设计人、设计单位重新设计或进行修改，经重新设计或修改后仍不符合安全要求的，不予批准。审查部门和负责审查的人员对于其审查结果负责。

第三十四条　【特殊建设项目安全设施验收】

第三十四条　矿山、金属冶炼建设项目和用于生产、储存、装卸危险物品的建设项目的施工单位必须按照批准的安全设施设计施工，并对安全设施的工程质量负责。 矿山、金属冶炼建设项目和用于生产、储存、**装卸**危险物品的建设项目竣工投入生产或者使用	**第三十一条**　矿山、金属冶炼建设项目和用于生产、储存、装卸危险物品的建设项目的施工单位必须按照批准的安全设施设计施工，并对安全设施的工程质量负责。 矿山、金属冶炼建设项目和用于生产、储存危险物品的建设项目竣工投入生产或者使用前，应

前，应当由建设单位负责组织对安全设施进行验收；验收合格后，方可投入生产和使用。**负有**安全生产监督管理**职责的**部门应当加强对建设单位验收活动和验收结果的监督核查。	当由建设单位负责组织对安全设施进行验收；验收合格后，方可投入生产和使用。安全生产监督管理部门应当加强对建设单位验收活动和验收结果的监督核查。

1. 矿山、金属冶炼建设项目和用于生产、储存、装卸危险物品的建设项目的施工单位必须按照批准的安全设施设计施工，任何单位和个人不得擅自决定不按照批准的安全设施设计施工或者擅自更改设计文件。

2. 建设单位必须认真负责，严格按照有关规定对其安全设施进行验收。对于未经验收或者经验收但不合格的安全设施，建设单位不得将其投入生产和使用，否则，建设单位将依法承担相应的法律责任。

3. 为促使建设单位按标准认真做好验收工作，负有安全生产监督管理职责的部门应当加强对验收活动和验收结果的监督核查，包括对有关重要项目或重要部位进行现场检查，或者对验收结果进行核实。

第三十五条　【安全警示标志】

第三十五条　生产经营单位应当在有较大危险因素的生产经营场所和有关设施、设备上，设置明显的安全警示标志。	**第三十二条**　生产经营单位应当在有较大危险因素的生产经营场所和有关设施、设备上，设置明显的安全警示标志。

1. 这里的“危险因素”主要是指能对人造成伤亡或者对物造成突发性损害的各种因素。

2. 在有较大危险因素的生产经营场所或者有关设施、设备上设置的安全警示标志应当醒目，让每一个在该场所从事生产经营活动的从业人员或者该设施、设备的使用者，都能清楚地看到。

第三十六条　【安全设备管理】

第三十六条　安全设备的设计、制造、安装、使用、检测、维修、改造和报废，应当符合国家标准或者行业标准。 生产经营单位必须对安全设备进行经常性维护、保养，并定期检测，保证正常运转。维护、保养、检测应当作好记录，并由有关人员签字。 **生产经营单位不得关闭、破坏直接关系生产安全的监控、报警、防护、救生设备、设施，或者篡改、隐瞒、销毁其相关数据、信息。** **餐饮等行业的生产经营单位使用燃气的，应当安装可燃气体报警装置，并保障其正常使用。**	**第三十三条**　安全设备的设计、制造、安装、使用、检测、维修、改造和报废，应当符合国家标准或者行业标准。 生产经营单位必须对安全设备进行经常性维护、保养，并定期检测，保证正常运转。维护、保养、检测应当作好记录，并由有关人员签字。

1. 安全设备，主要是指为了保护从业人员等生产经营活动参与者的安全，防止生产安全事故发生以及在发生生产安全事故时用于救援而安装使用的机械设备和器械，如矿山使用的自救器、灭火设备以及各种安全检测仪器。安全设备从设计到报废各个环节均应符合国家标准或者行业标准，进行经常性维护、保养，并定期检测。

2. 刑法修正案（十一）增加规定了危险作业罪，对关闭、破坏直接关系生产安全的监控、报警、防护、救生设备、设施，或者篡改、隐瞒、销毁其相关数据、信息的行为，具有发生重大伤亡事故或者其他严重后果的现实危险的，处一年以下有期徒刑、拘役或者管制。为与刑法的该规定相衔接，此次修改在本条第三款对以上行为作出禁止性规定。

3. 近年来，餐饮行业燃气爆炸事故频发，对人民群众生命财产安全造成极大威胁，安装使用可燃气体报警装置成本较低，不会显著增加生产经营单位负担，且能够第一时间发现燃气泄漏等情况，有效避免事故发生。此次修改在本条第四款增加了安装可燃气体报警装置的安全保障措施的规定。

第三十七条 【特殊特种设备的管理】

第三十七条 生产经营单位使用的危险物品的容器、运输工具，以及涉及人身安全、危险性较大的海洋石油开采特种设备和矿山井下特种设备，必须按照国家有关规定，由专业生产单位生产，并经具有专业资质的检测、检验机构检测、检验合格，取得安全使用证或者安全标志，方可投入使用。检测、检验机构对检测、检验结果负责。	**第三十四条** 生产经营单位使用的危险物品的容器、运输工具，以及涉及人身安全、危险性较大的海洋石油开采特种设备和矿山井下特种设备，必须按照国家有关规定，由专业生产单位生产，并经具有专业资质的检测、检验机构检测、检验合格，取得安全使用证或者安全标志，方可投入使用。检测、检验机构对检测、检验结果负责。

1. 本条规定需要进行特殊管理，必须检测、检验合格的设备分为两类：一是危险物品的容器、运输工具；二是涉及人身安全、危险性较大的海洋石油开采特种设备和矿山井下特种设备。

2. 对检测、检验机构的要求。应当按照规定的技术标准和要求进行检测、检验，提出科学、客观的结论；出具专业检测、检验证明或报告。检测、检验合格的，发给安全使用证或者安全标志；不合格的，不得发给安全使用证或者安全标志。因检测、检验机构的原因，致使不合格的特种设备和危险物品的容器、运输工具投入使用，检测、检验机构及其有关人员应当承担相应的法律责任。

第三十八条 【淘汰制度】

第三十八条 国家对严重危及生产安全的工艺、设备实行淘汰制度，具体目录由国务院**应急**管理部门会同国务院有关部门制定并公布。法律、行政法规对目录的制定另有规定的，适用其规定。	**第三十五条** 国家对严重危及生产安全的工艺、设备实行淘汰制度，具体目录由国务院~~安全生产监督~~管理部门会同国务院有关部门制定并公布。法律、行政法规对目录的制定另有规定的，适用其规定。

省、自治区、直辖市人民政府可以根据本地区实际情况制定并公布具体目录，对前款规定以外的危及生产安全的工艺、设备予以淘汰。 生产经营单位不得使用应当淘汰的危及生产安全的工艺、设备。	省、自治区、直辖市人民政府可以根据本地区实际情况制定并公布具体目录，对前款规定以外的危及生产安全的工艺、设备予以淘汰。 生产经营单位不得使用应当淘汰的危及生产安全的工艺、设备。

1. 严重危及生产安全的工艺、设备是指不符合生产安全要求，极有可能导致生产安全事故发生，致使人民群众生命和财产遭受重大损失的工艺、设备。此类工艺、设备淘汰目录由国务院应急管理部门会同有关部门制定并公布。

2. 其他危及生产安全的工艺、设备，与严重危及生产安全的工艺、设备相比，危险性较低，有的工艺、设备在生产经营单位及其从业人员履行适当的注意义务或者附加必要的防护条件后，可以尽量避免事故的发生。此类工艺、设备的淘汰目录由省级人民政府制定。

3. 生产经营单位不得使用应当淘汰的危及生产安全的工艺、设备，这是禁止性规定，生产经营单位必须执行，不得继续使用此类工艺和设备，也不得转让给他人使用，否则应当承担相应的法律责任。

第三十九条　【危险物品的监管】

第三十九条　生产、经营、运输、储存、使用危险物品或者处置废弃危险物品的，由有关主管部门依照有关法律、法规的规定和国家标准或者行业标准审批并实施监督管理。 生产经营单位生产、经营、运输、储存、使用危险物品或者处置废弃危险物品，必须执行有关法律、法规和国家标准或者行业	**第三十六条**　生产、经营、运输、储存、使用危险物品或者处置废弃危险物品的，由有关主管部门依照有关法律、法规的规定和国家标准或者行业标准审批并实施监督管理。 生产经营单位生产、经营、运输、储存、使用危险物品或者处置废弃危险物品，必须执行有关法律、法规和国家标准或者行业

标准，建立专门的安全管理制度，采取可靠的安全措施，接受有关主管部门依法实施的监督管理。	标准，建立专门的安全管理制度，采取可靠的安全措施，接受有关主管部门依法实施的监督管理。

1. 主管部门的审批和监督管理。由于危险物品涉及的行业、领域较多，许多法律、法规和标准对危险物品相关活动的监管均有规定，按照这些规定，除安监部门外，有关的主管部门要根据危险物品相关的活动特点，进行审批并实施监督管理。

2. 危险物品的生产、经营、储存、使用、运输以及处置废弃危险物品等活动具有较大的危险性，一旦发生事故，将对国家和广大人民群众的生命财产安全造成重大损害，因而需要生产经营单位采取安全、可靠的安全防护和应急处置措施。比如，机动车载运爆炸物品、易燃易爆化学物品以及剧毒、放射性等危险物品，应当按指定的时间、路线、速度行驶，悬挂警示标志并采取必要的安全措施。

第四十条　【重大危险源的管理和备案】

第四十条　生产经营单位对重大危险源应当登记建档，进行定期检测、评估、监控，并制定应急预案，告知从业人员和相关人员在紧急情况下应当采取的应急措施。 生产经营单位应当按照国家有关规定将本单位重大危险源及有关安全措施、应急措施报有关地方人民政府**应急**管理部门和有关部门备案。**有关地方人民政府应急管理部门和有关部门应当通过相关信息系统实现信息共享。**	**第三十七条**　生产经营单位对重大危险源应当登记建档，进行定期检测、评估、监控，并制定应急预案，告知从业人员和相关人员在紧急情况下应当采取的应急措施。 生产经营单位应当按照国家有关规定将本单位重大危险源及有关安全措施、应急措施报有关地方人民政府~~安全生产监督~~管理部门和有关部门备案。

1. 根据本法第一百一十七条的规定，重大危险源是指长期地或者临时地生产、搬运、使用或者储存危险物品，且危险物品的数量等于或者超过临界量的单元（包括场所和设施）。

2. 重大危险源的安全管理措施包括：一是登记建档；二是进行定期检测、评估、监控；三是制定应急预案；四是告知从业人员和相关人员在紧急情况下应当采取的应急措施。

3. 重大危险源及安全措施、应急措施备案的目的，主要是便于应急管理部门和有关部门及时、全面地掌握生产经营单位重大危险源的分布以及具体危害情况，可以有针对性地采取措施，加强监督管理，经常性进行检查，防止生产安全事故的发生。

4. 为贯彻落实《意见》关于构建国家、省、市、县四级重大危险源信息管理体系的要求，此次修改增加了有关部门对重大危险源的信息共享，对重点行业、重点区域、重点企业实行风险预警控制的规定。

第四十一条 【安全风险分级管控制度和事故隐患排查治理制度】

第四十一条　生产经营单位应当建立安全风险分级管控制度，按照安全风险分级采取相应的管控措施。 生产经营单位应当建立健全**并落实**生产安全事故隐患排查治理制度，采取技术、管理措施，及时发现并消除事故隐患。事故隐患排查治理情况应当如实记录，并**通过职工大会或者职工代表大会、信息公示栏等方式**向从业人员通报。**其中，重大事故隐患排查治理情况应当及时向负有安全生产监督管理职责的部门和职工大会或者职工代表大会报告。** 县级以上地方各级人民政府负	**第三十八条**　生产经营单位应当建立健全生产安全事故隐患排查治理制度，采取技术、管理措施，及时发现并消除事故隐患。事故隐患排查治理情况应当如实记录，并向从业人员通报。 县级以上地方各级人民政府负有安全生产监督管理职责的部门应当建立健全重大事故隐患治理督办制度，督促生产经营单位消除重大事故隐患。

有安全生产监督管理职责的部门应当**将重大事故隐患纳入相关信息系统**，建立健全重大事故隐患治理督办制度，督促生产经营单位消除重大事故隐患。	

1.《意见》要求，企业要定期开展风险评估和危害辨识。针对高危工艺、设备、物品、场所和岗位，建立分级管控制度，制定落实安全操作规程。树立隐患就是事故的观念，建立健全隐患排查治理制度、重大隐患治理情况向负有安全生产监督管理职责的部门和企业职代会"双报告"制度。为了贯彻落实上述要求，此次修改增加了安全风险分级管控制度和重大事故隐患排查治理情况"双报告"制度的规定。

2. 负有安全生产监督管理职责的部门要建立与企业隐患排查治理系统联网的信息平台，完善线上线下配套监管制度。将事故隐患纳入相关信息系统，有利于建立健全重大事故隐患治理督办制度，督促生产经营单位消除重大事故隐患。

第四十二条 【生产经营场所和员工宿舍安全要求】

第四十二条 生产、经营、储存、使用危险物品的车间、商店、仓库不得与员工宿舍在同一座建筑物内，并应当与员工宿舍保持安全距离。 生产经营场所和员工宿舍应当设有符合紧急疏散要求、标志明显、保持畅通的出口**、疏散通道**。禁止**占用、**锁闭、封堵生产经营场所或者员工宿舍的出口、**疏散通道**。	**第三十九条** 生产、经营、储存、使用危险物品的车间、商店、仓库不得与员工宿舍在同一座建筑物内，并应当与员工宿舍保持安全距离。 生产经营场所和员工宿舍应当设有符合紧急疏散要求、标志明显、保持畅通的出口。禁止锁闭、封堵生产经营场所或者员工宿舍的出口。

1. 关于员工宿舍安全措施。生产经营单位不得以任何理由违反员工宿舍设置和安全距离的要求，员工也应当提高自我保护意识，拒绝

使用生产经营单位提供的违反安全要求的宿舍，并有权向有关部门检举和控告。

2. 保证生产经营场所和员工宿舍出口、疏散通道的畅通十分重要：有利于发生生产安全事故时从业人员的撤离，减少人员的伤亡；有利于救援队伍及时进入事故现场，开展抢救工作，防止事故扩大，尽量减少事故造成的损失。此次修改增加了“疏散通道”，并增加了禁止“占用”的规定。

第四十三条 【危险作业的现场安全管理】

第四十三条 生产经营单位进行爆破、吊装**、动火、临时用电**以及国务院**应急**管理部门会同国务院有关部门规定的其他危险作业，应当安排专门人员进行现场安全管理，确保操作规程的遵守和安全措施的落实。	**第四十条** 生产经营单位进行爆破、吊装以及国务院~~安全生产监督~~管理部门会同国务院有关部门规定的其他危险作业，应当安排专门人员进行现场安全管理，确保操作规程的遵守和安全措施的落实。

1. 此次修改吸取2021年发生的山东栖霞笏山金矿“1·10”重大爆炸事故、招远曹家洼金矿“2·17”较大火灾事故教训，规范企业动火、临时用电等危险作业管理，防范重大事故发生。

2. 通过对危险作业进行现场安全管理，一方面可以检查作业场所的各项安全措施是否得到落实；另一方面可以监督从事危险作业的人员是否严格按照有关操作规程进行操作。同时，还可以对作业场所的各种情况进行及时协调，发现事故隐患及时采取措施进行紧急排除。

第四十四条 【从业人员的安全管理】

第四十四条 生产经营单位应当教育和督促从业人员严格执行本单位的安全生产规章制度和安全操作规程；并向从业人员如实	**第四十一条** 生产经营单位应当教育和督促从业人员严格执行本单位的安全生产规章制度和安全操作规程；并向从业人员如实

告知作业场所和工作岗位存在的危险因素、防范措施以及事故应急措施。 **生产经营单位应当关注从业人员的身体、心理状况和行为习惯，加强对从业人员的心理疏导、精神慰藉，严格落实岗位安全生产责任，防范从业人员行为异常导致事故发生。**	告知作业场所和工作岗位存在的危险因素、防范措施以及事故应急措施。

此次修改增加第二款，主要是针对近年来因从业人员行为异常引发生产安全事故的情况时有发生，如公交车司机驾车坠湖等事故。要求生产经营单位关注从业人员身体、心理状况和行为习惯，就是为了确保从业人员的生理、心理状况和行为习惯符合岗位的安全生产要求，避免事故发生。

第四十五条　【劳动防护用品】

第四十五条　生产经营单位必须为从业人员提供符合国家标准或者行业标准的劳动防护用品，并监督、教育从业人员按照使用规则佩戴、使用。	**第四十二条**　生产经营单位必须为从业人员提供符合国家标准或者行业标准的劳动防护用品，并监督、教育从业人员按照使用规则佩戴、使用。

1. 生产经营单位为劳动者提供的劳动防护用品，应该符合国家标准或者行业标准且合格，并且必须把劳动防护用品发放到从业人员手中，不得以货币或其他物品替代应当配备的劳动防护用品。

2. 生产经营单位应当采取措施，使劳动者掌握劳动防护用品的使用规则，并在实践中监督、指导劳动者按照使用规则佩戴、使用劳动防护用品，使其真正发挥作用。

第四十六条 【安全检查和报告义务】

第四十六条 生产经营单位的安全生产管理人员应当根据本单位的生产经营特点，对安全生产状况进行经常性检查；对检查中发现的安全问题，应当立即处理；不能处理的，应当及时报告本单位有关负责人，有关负责人应当及时处理。检查及处理情况应当如实记录在案。 生产经营单位的安全生产管理人员在检查中发现重大事故隐患，依照前款规定向本单位有关负责人报告，有关负责人不及时处理的，安全生产管理人员可以向主管的负有安全生产监督管理职责的部门报告，接到报告的部门应当依法及时处理。	**第四十三条** 生产经营单位的安全生产管理人员应当根据本单位的生产经营特点，对安全生产状况进行经常性检查；对检查中发现的安全问题，应当立即处理；不能处理的，应当及时报告本单位有关负责人，有关负责人应当及时处理。检查及处理情况应当如实记录在案。 生产经营单位的安全生产管理人员在检查中发现重大事故隐患，依照前款规定向本单位有关负责人报告，有关负责人不及时处理的，安全生产管理人员可以向主管的负有安全生产监督管理职责的部门报告，接到报告的部门应当依法及时处理。

1. 安全检查主要涉及安全生产规章制度是否健全、完善，安全设备、设施是否处于正常的运行状态，从业人员是否具备应有的安全知识和操作技能，从业人员在工作中是否严格遵守安全生产规章制度和操作规程，从业人员的劳动防护用品是否符合相关标准以及是否有其他事故隐患等。

2. 为防止生产经营单位的主要负责人或者主管安全生产工作的其他负责人接到报告后，不予处理或者不立即处理，对事故隐患存在侥幸心理，拖延缓办，本条规定安全生产管理人员可以向主管的负有安全生产监督管理职责的部门报告，这是法律赋予安全生产管理人员的报告重大事故隐患的权利。

第四十七条　【安全生产经费保障】

第四十七条　生产经营单位应当安排用于配备劳动防护用品、进行安全生产培训的经费。	**第四十四条**　生产经营单位应当安排用于配备劳动防护用品、进行安全生产培训的经费。

为从业人员配备劳动防护用品、进行安全生产培训是生产经营单位的法定义务。本法规定由生产经营单位安排相关经费，生产经营单位不得让从业人员承担这些费用，不得让从业人员缴纳劳动防护用品费、培训费等费用，不得以这些费用为由克扣从业人员的工资、福利等待遇。

第四十八条　【安全生产协作】

第四十八条　两个以上生产经营单位在同一作业区域内进行生产经营活动，可能危及对方生产安全的，应当签订安全生产管理协议，明确各自的安全生产管理职责和应当采取的安全措施，并指定专职安全生产管理人员进行安全检查与协调。	**第四十五条**　两个以上生产经营单位在同一作业区域内进行生产经营活动，可能危及对方生产安全的，应当签订安全生产管理协议，明确各自的安全生产管理职责和应当采取的安全措施，并指定专职安全生产管理人员进行安全检查与协调。

各单位应当通过安全生产管理协议互相告知本单位生产的特点、作业场所存在的危险因素、防范措施以及事故应急措施，以使各单位整体把握该作业区域的安全生产状况。同时，各单位还应当在安全生产管理协议中明确各自的安全生产管理职责和应当采取的安全措施，做到职责清楚、分工明确。

第四十九条　【生产经营项目、施工项目的安全管理】

第四十九条　生产经营单位不得将生产经营项目、场所、设备	**第四十六条**　生产经营单位不得将生产经营项目、场所、设备

发包或者出租给不具备安全生产条件或者相应资质的单位或者个人。 生产经营项目、场所发包或者出租给其他单位的，生产经营单位应当与承包单位、承租单位签订专门的安全生产管理协议，或者在承包合同、租赁合同中约定各自的安全生产管理职责；生产经营单位对承包单位、承租单位的安全生产工作统一协调、管理，定期进行安全检查，发现安全问题的，应当及时督促整改。 **矿山、金属冶炼建设项目和用于生产、储存、装卸危险物品的建设项目的施工单位应当加强对施工项目的安全管理，不得倒卖、出租、出借、挂靠或者以其他形式非法转让施工资质，不得将其承包的全部建设工程转包给第三人或者将其承包的全部建设工程支解以后以分包的名义分别转包给第三人，不得将工程分包给不具备相应资质条件的单位。**	发包或者出租给不具备安全生产条件或者相应资质的单位或者个人。 生产经营项目、场所发包或者出租给其他单位的，生产经营单位应当与承包单位、承租单位签订专门的安全生产管理协议，或者在承包合同、租赁合同中约定各自的安全生产管理职责；生产经营单位对承包单位、承租单位的安全生产工作统一协调、管理，定期进行安全检查，发现安全问题的，应当及时督促整改。

此次修改增加的第三款，主要是针对矿山、金属冶炼建设项目和用于生产、储存、装卸危险物品的建设项目专业性强，建设管理不规范极易导致重特大事故发生。特别是山东栖霞笏山金矿“1·10”重大爆炸事故、招远曹家洼金矿“2·17”较大火灾事故等，暴露了企业项目管理混乱，倒卖、出租、出借、挂靠或者以其他形式非法转让施工资质，非法转包分包等问题。结合民法典、建筑法的有关要求，本法对有关禁止行为作出规定。

第五十条 【单位主要负责人组织事故抢救职责】

第五十条 生产经营单位发生生产安全事故时，单位的主要负责人应当立即组织抢救，并不得在事故调查处理期间擅离职守。	**第四十七条** 生产经营单位发生生产安全事故时，单位的主要负责人应当立即组织抢救，并不得在事故调查处理期间擅离职守。

事故单位的主要负责人对单位的场地、布局、设备、人员通讯以及其他生产经营状况比较熟悉，由其在现场参加、组织救援，可以比较顺利地进行事故抢救、事故原因的调查和对事故的处理。从事故调查处理和责任追究的角度，单位的主要负责人也不得擅离职守，而应坚守岗位并等候处理，违反规定应承担相应的法律责任。

第五十一条 【工伤保险和安全生产责任保险】

第五十一条 生产经营单位必须依法参加工伤保险，为从业人员缴纳保险费。 国家鼓励生产经营单位投保安全生产责任保险；**属于国家规定的高危行业、领域的生产经营单位，应当投保安全生产责任保险。具体范围和实施办法由国务院应急管理部门会同国务院财政部门、国务院保险监督管理机构和相关行业主管部门制定。**	**第四十八条** 生产经营单位必须依法参加工伤保险，为从业人员缴纳保险费。 国家鼓励生产经营单位投保安全生产责任保险。

1. 工伤保险是指职工在劳动过程中发生生产安全事故以及职业病，暂时或者永久地丧失劳动能力时，在医疗和生活上获得物质帮助的一种社会保险制度。工伤保险由单位缴费，个人不缴费。

2. 根据《意见》的要求和近年来各地推行安全生产责任保险的情况，在本法中规定矿山、危险化学品、烟花爆竹、交通运输、建筑施工、民用爆炸物品、金属冶炼、渔业生产等高危行业领域强制实施安全生产责任保险，有利于切实发挥保险机构参与风险评估管控和事故预防的作用。

第三章　从业人员的安全生产权利义务

第五十二条　【劳动合同的安全条款】

第五十二条　生产经营单位与从业人员订立的劳动合同，应当载明有关保障从业人员劳动安全、防止职业危害的事项，以及依法为从业人员办理工伤保险的事项。 生产经营单位不得以任何形式与从业人员订立协议，免除或者减轻其对从业人员因生产安全事故伤亡依法应承担的责任。	**第四十九条**　生产经营单位与从业人员订立的劳动合同，应当载明有关保障从业人员劳动安全、防止职业危害的事项，以及依法为从业人员办理工伤保险的事项。 生产经营单位不得以任何形式与从业人员订立协议，免除或者减轻其对从业人员因生产安全事故伤亡依法应承担的责任。

1. 劳动合同是劳动者与用人单位确立劳动关系，明确双方权利和义务的协议。劳动合同应当包含安全生产有关的事项：一是保障从业人员劳动安全，防止职业危害的事项；二是办理工伤保险的事项。

2. 不能订立免责协议：一是禁止订立违反法律规定的协议；二是任何形式的这种协议都在禁止之列，比如一度猖獗的“生死合同”以及其他各种形式的非法协议，都在禁止范围内；三是订立了这种协议并不能免除或者减轻生产经营单位应承担的责任，即从法律上不承认这种合同是合法的、有效的。

第五十三条　【知情权和建议权】

第五十三条　生产经营单位的从业人员有权了解其作业场所和工作岗位存在的危险因素、防范措施及事故应急措施，有权对本单位的安全生产工作提出建议。	**第五十条**　生产经营单位的从业人员有权了解其作业场所和工作岗位存在的危险因素、防范措施及事故应急措施，有权对本单位的安全生产工作提出建议。

1. 关于知情权。生产经营单位的从业人员对于劳动安全的知情权，与从业人员的生命安全和健康关系密切，是保护劳动者生命健康权的重要前提。作业场所和工作岗位存在的危险因素、防范措施及事故应急措施是从业人员知情权的三项主要内容。

2. 关于建议权。从业人员有权参与用人单位的民主管理。从业人员参与生产经营单位的民主管理，可以充分调动其积极性与主动性，可以充分发挥其聪明才智，为单位献计献策，对安全生产工作提出意见与建议，与生产经营单位共同做好安全生产工作。

第五十四条　【批评、检举、控告、拒绝权】

第五十四条　从业人员有权对本单位安全生产工作中存在的问题提出批评、检举、控告；有权拒绝违章指挥和强令冒险作业。 生产经营单位不得因从业人员对本单位安全生产工作提出批评、检举、控告或者拒绝违章指挥、强令冒险作业而降低其工资、福利等待遇或者解除与其订立的劳动合同。	**第五十一条**　从业人员有权对本单位安全生产工作中存在的问题提出批评、检举、控告；有权拒绝违章指挥和强令冒险作业。 生产经营单位不得因从业人员对本单位安全生产工作提出批评、检举、控告或者拒绝违章指挥、强令冒险作业而降低其工资、福利等待遇或者解除与其订立的劳动合同。

1. 从业人员对安全生产工作的监督权，包括两个方面：一是对安全生产工作中存在的问题提出批评、检举、控告。检举可以署名，也可以不署名；可以用书面形式，也可以用口头形式。二是拒绝违章指挥、强令冒险作业。

2. 对从业人员行使监督权的保护措施，主要包括两个方面：一是不得降低其工资、福利等待遇；二是不得解除与其订立的劳动合同。生产经营单位违章指挥、强令冒险作业危及从业人员人身安全的，从业人员可以立即解除劳动合同，不需事先告知用人单位，这是劳动者的一项重要权利。

第五十五条 【紧急处置权】

第五十五条 从业人员发现直接危及人身安全的紧急情况时，有权停止作业或者在采取可能的应急措施后撤离作业场所。 生产经营单位不得因从业人员在前款紧急情况下停止作业或者采取紧急撤离措施而降低其工资、福利等待遇或者解除与其订立的劳动合同。	**第五十二条** 从业人员发现直接危及人身安全的紧急情况时，有权停止作业或者在采取可能的应急措施后撤离作业场所。 生产经营单位不得因从业人员在前款紧急情况下停止作业或者采取紧急撤离措施而降低其工资、福利等待遇或者解除与其订立的劳动合同。

本条规定了从业人员紧急情况下的处置权及保护措施。从业人员行使紧急撤离权的前提条件是，发现直接危及人身安全的紧急情况，如果不撤离会对其生命安全和健康造成直接的威胁。行使权利的选择权在于从业人员，不要求从业人员应当在采取可能的应急措施后或者在征得有关负责人员同意后撤离作业场所。

第五十六条 【事故后的人员救治和赔偿】

第五十六条 生产经营单位发生生产安全事故后，应当及时采取措施救治有关人员。 因生产安全事故受到损害的从业人员，除依法享有工伤保险外，依照有关民事法律尚有获得赔偿的权利的，有权提出赔偿要求。	**第五十三条** 因生产安全事故受到损害的从业人员，除依法享有工伤保险外，依照有关民事法律尚有获得赔偿的权利的，有权~~向本单位~~提出赔偿要求。

1. 此次修改增加第一款规定，要求生产经营单位发生生产安全事故后，应当及时采取措施救治有关人员，既包括本单位从业人员，也包括遭到事故伤害的其他人员。

2. 生产安全事故责任主体有可能是本单位，也有可能是其他单位，受到事故损害的从业人员有权依据民法典等法律法规提出赔偿要求。

第五十七条　【落实岗位安全责任和服从安全管理】

第五十七条　从业人员在作业过程中，应当严格**落实岗位安全责任**，遵守本单位的安全生产规章制度和操作规程，服从管理，正确佩戴和使用劳动防护用品。	**第五十四条**　从业人员在作业过程中，应当严格遵守本单位的安全生产规章制度和操作规程，服从管理，正确佩戴和使用劳动防护用品。

从业人员在作业过程中严格落实岗位安全责任，是安全生产的基本要求，有利于减少生产安全事故的发生环节。从业人员遵守本单位的安全生产规章制度和操作规程，服从管理，是保证生产经营单位的活动安全、有序进行的重要前提。对于不服从管理，违反安全生产规章制度或者操作规程的行为，本法规定了法律责任。

第五十八条　【接受安全生产教育和培训义务】

第五十八条　从业人员应当接受安全生产教育和培训，掌握本职工作所需的安全生产知识，提高安全生产技能，增强事故预防和应急处理能力。	**第五十五条**　从业人员应当接受安全生产教育和培训，掌握本职工作所需的安全生产知识，提高安全生产技能，增强事故预防和应急处理能力。

1. 安全生产教育培训是安全生产管理工作中的一个重要组成部分，是提高从业人员安全素质和自我保护能力，防止事故发生，保证安全生产的重要手段，基本内容包括安全意识、安全知识和安全技能教育。

2. 从业人员接受安全教育培训的形式多种多样，如组织专门的安全教育培训班，班前班后交待安全注意事项，讲评安全生产情况，各级负责人和安全员在作业现场工作时进行安全宣传教育、督促安全法规和制度的贯彻执行等。

第五十九条 【事故隐患和不安全因素的报告义务】

第五十九条 从业人员发现事故隐患或者其他不安全因素，应当立即向现场安全生产管理人员或者本单位负责人报告；接到报告的人员应当及时予以处理。	**第五十六条** 从业人员发现事故隐患或者其他不安全因素，应当立即向现场安全生产管理人员或者本单位负责人报告；接到报告的人员应当及时予以处理。

1. 从业人员处于安全生产的第一线，最有可能及时发现事故隐患或者其他不安全因素。本条对从业人员发现事故隐患或者其他不安全因素规定了报告义务，符合从业人员参与安全生产工作的机制要求。

2. 报告义务有两点要求：一是在发现上述情况后，应当立即报告；二是接受报告的主体是现场安全生产管理人员或者本单位的负责人，以便于对事故隐患或者其他不安全因素及时作出处理，避免事故的发生。接到报告的人员须及时进行处理，以防止有关人员延误消除事故隐患的时机。

第六十条 【工会监督】

第六十条 工会有权对建设项目的安全设施与主体工程同时设计、同时施工、同时投入生产和使用进行监督，提出意见。 工会对生产经营单位违反安全生产法律、法规，侵犯从业人员合法权益的行为，有权要求纠正；发现生产经营单位违章指挥、强令冒险作业或者发现事故隐患时，有权提出解决的建议，生产经营单位应当及时研究答复；发现危及从业人员生命安全的情况时，有权向生产经营单位建议组织从业人员撤离危险场所，生产经	**第五十七条** 工会有权对建设项目的安全设施与主体工程同时设计、同时施工、同时投入生产和使用进行监督，提出意见。 工会对生产经营单位违反安全生产法律、法规，侵犯从业人员合法权益的行为，有权要求纠正；发现生产经营单位违章指挥、强令冒险作业或者发现事故隐患时，有权提出解决的建议，生产经营单位应当及时研究答复；发现危及从业人员生命安全的情况时，有权向生产经营单位建议组织从业人员撤离危险场所，生产经

营单位必须立即作出处理。 工会有权依法参加事故调查，向有关部门提出处理意见，并要求追究有关人员的责任。	营单位必须立即作出处理。 工会有权依法参加事故调查，向有关部门提出处理意见，并要求追究有关人员的责任。

本条规定了工会的三项重要权利：一是有权对建设项目的安全设施“三同时”情况进行监督；二是有权对违法行为要求纠正和对安全生产工作提出建议；三是参加安全生产事故调查处理的权利。

第六十一条 【被派遣劳动者的权利义务】

第六十一条 生产经营单位使用被派遣劳动者的，被派遣劳动者享有本法规定的从业人员的权利，并应当履行本法规定的从业人员的义务。	**第五十八条** 生产经营单位使用被派遣劳动者的，被派遣劳动者享有本法规定的从业人员的权利，并应当履行本法规定的从业人员的义务。

1. 被派遣劳动者是生产经营单位从业人员的重要组成部分。

2. 被派遣劳动者有权依法受到安全生产保障，享有从业人员相应的权利。

3. 被派遣劳动者应当履行安全生产职责，尽到安全生产防护、遵守安全规章制度等义务。

第四章　安全生产的监督管理

第六十二条　【安全生产监督检查】

第六十二条　县级以上地方各级人民政府应当根据本行政区域内的安全生产状况，组织有关部门按照职责分工，对本行政区域内容易发生重大生产安全事故的生产经营单位进行严格检查。 **应急**管理部门应当按照分类分级监督管理的要求，制定安全生产年度监督检查计划，并按照年度监督检查计划进行监督检查，发现事故隐患，应当及时处理。	**第五十九条**　县级以上地方各级人民政府应当根据本行政区域内的安全生产状况，组织有关部门按照职责分工，对本行政区域内容易发生重大生产安全事故的生产经营单位进行严格检查。 ~~安全生产监督~~管理部门应当按照分类分级监督管理的要求，制定安全生产年度监督检查计划，并按照年度监督检查计划进行监督检查，发现事故隐患，应当及时处理。

1. 县级以上地方各级人民政府应当组织有关部门对容易发生重大生产安全事故的生产经营单位进行严格检查，防范生产事故的发生。

2. 应急管理部门应当制定安全生产年度监督检查计划。

3. 应急管理部门应当按照年度监督检查计划进行监督检查，发现并及时处理事故隐患。

第六十三条　【安全生产事项的审批、验收】

第六十三条　负有安全生产监督管理职责的部门依照有关法律、法规的规定，对涉及安全生产的事项需要审查批准（包括批	**第六十条**　负有安全生产监督管理职责的部门依照有关法律、法规的规定，对涉及安全生产的事项需要审查批准（包括批准、核

准、核准、许可、注册、认证、颁发证照等，下同）或者验收的，必须严格依照有关法律、法规和国家标准或者行业标准规定的安全生产条件和程序进行审查；不符合有关法律、法规和国家标准或者行业标准规定的安全生产条件的，不得批准或者验收通过。对未依法取得批准或者验收合格的单位擅自从事有关活动的，负责行政审批的部门发现或者接到举报后应当立即予以取缔，并依法予以处理。对已经依法取得批准的单位，负责行政审批的部门发现其不再具备安全生产条件的，应当撤销原批准。	准、许可、注册、认证、颁发证照等，下同）或者验收的，必须严格依照有关法律、法规和国家标准或者行业标准规定的安全生产条件和程序进行审查；不符合有关法律、法规和国家标准或者行业标准规定的安全生产条件的，不得批准或者验收通过。对未依法取得批准或者验收合格的单位擅自从事有关活动的，负责行政审批的部门发现或者接到举报后应当立即予以取缔，并依法予以处理。对已经依法取得批准的单位，负责行政审批的部门发现其不再具备安全生产条件的，应当撤销原批准。
1. 涉及安全生产的事项需要审查批准或者验收的，负有安全生产监督管理职责的部门应当严格依照有关法律、法规和国家标准或者行业标准规定的安全生产条件和程序进行审查。 2. 不符合安全生产条件的，不得批准或者验收通过。 3. 对未依法取得批准或者验收合格的，有关部门有权予以取缔并依法处理。不再具备安全生产条件的，有关部门应当撤销原批准。	

第六十四条 【审批、验收的禁止性规定】

第六十四条 负有安全生产监督管理职责的部门对涉及安全生产的事项进行审查、验收，不得收取费用；不得要求接受审查、验收的单位购买其指定品牌或者指定生产、销售单位的安全设备、器材或者其他产品。	**第六十一条** 负有安全生产监督管理职责的部门对涉及安全生产的事项进行审查、验收，不得收取费用；不得要求接受审查、验收的单位购买其指定品牌或者指定生产、销售单位的安全设备、器材或者其他产品。

本条规定了负有安全生产监督管理职责的部门审查、验收时的禁止行为，即不得收取费用、指定购买产品等。

第六十五条 【监督检查的职权范围】

第六十五条 **应急**管理部门和其他负有安全生产监督管理职责的部门依法开展安全生产行政执法工作，对生产经营单位执行有关安全生产的法律、法规和国家标准或者行业标准的情况进行监督检查，行使以下职权： （一）进入生产经营单位进行检查，调阅有关资料，向有关单位和人员了解情况； （二）对检查中发现的安全生产违法行为，当场予以纠正或者要求限期改正；对依法应当给予行政处罚的行为，依照本法和其他有关法律、行政法规的规定作出行政处罚决定； （三）对检查中发现的事故隐患，应当责令立即排除；重大事故隐患排除前或者排除过程中无法保证安全的，应当责令从危险区域内撤出作业人员，责令暂时停产停业或者停止使用相关设施、设备；重大事故隐患排除后，经审查同意，方可恢复生产经营和使用； （四）对有根据认为不符合保障安全生产的国家标准或者行业标	**第六十二条** ~~安全生产监督~~管理部门和其他负有安全生产监督管理职责的部门依法开展安全生产行政执法工作，对生产经营单位执行有关安全生产的法律、法规和国家标准或者行业标准的情况进行监督检查，行使以下职权： （一）进入生产经营单位进行检查，调阅有关资料，向有关单位和人员了解情况； （二）对检查中发现的安全生产违法行为，当场予以纠正或者要求限期改正；对依法应当给予行政处罚的行为，依照本法和其他有关法律、行政法规的规定作出行政处罚决定； （三）对检查中发现的事故隐患，应当责令立即排除；重大事故隐患排除前或者排除过程中无法保证安全的，应当责令从危险区域内撤出作业人员，责令暂时停产停业或者停止使用相关设施、设备；重大事故隐患排除后，经审查同意，方可恢复生产经营和使用； （四）对有根据认为不符合保障安全生产的国家标准或者行业标

准的设施、设备、器材以及违法生产、储存、使用、经营、运输的危险物品予以查封或者扣押，对违法生产、储存、使用、经营危险物品的作业场所予以查封，并依法作出处理决定。 监督检查不得影响被检查单位的正常生产经营活动。	准的设施、设备、器材以及违法生产、储存、使用、经营、运输的危险物品予以查封或者扣押，对违法生产、储存、使用、经营危险物品的作业场所予以查封，并依法作出处理决定。 监督检查不得影响被检查单位的正常生产经营活动。

1. 本条规定了应急管理部门和其他负有安全生产监督管理职责的部门开展安全生产行政执法的具体职权。

2. 开展安全生产监督检查不得影响被检查单位的正常生产经营活动。

第六十六条　【生产经营单位的配合义务】

第六十六条　生产经营单位对负有安全生产监督管理职责的部门的监督检查人员（以下统称安全生产监督检查人员）依法履行监督检查职责，应当予以配合，不得拒绝、阻挠。	**第六十三条**　生产经营单位对负有安全生产监督管理职责的部门的监督检查人员（以下统称安全生产监督检查人员）依法履行监督检查职责，应当予以配合，不得拒绝、阻挠。

本条规定了生产经营单位负有配合监督检查的义务，不得以任何形式拒绝或者阻挠安全生产监督检查人员依法履行监督检查职责。

第六十七条　【监督检查的要求】

第六十七条　安全生产监督检查人员应当忠于职守，坚持原则，秉公执法。 安全生产监督检查人员执行监督检查任务时，必须出示有效的	**第六十四条**　安全生产监督检查人员应当忠于职守，坚持原则，秉公执法。 安全生产监督检查人员执行监督检查任务时，必须出示有效的

行政执法证件；对涉及被检查单位的技术秘密和业务秘密，应当为其保密。	监督执法证件；对涉及被检查单位的技术秘密和业务秘密，应当为其保密。

1. 本条对安全生产监督检查人员提出原则性要求。即应当忠于职守，坚持原则和秉公执法，这是安全生产监督检查人员必须时刻牢记的工作原则。

2. 安全生产监督检查人员执法时必须出示有效行政执法证件，这是监督检查时的法定程序要求。

3. 安全生产监督检查人员负有保密义务。

第六十八条 【监督检查的记录与报告】

第六十八条 安全生产监督检查人员应当将检查的时间、地点、内容、发现的问题及其处理情况，作出书面记录，并由检查人员和被检查单位的负责人签字；被检查单位的负责人拒绝签字的，检查人员应当将情况记录在案，并向负有安全生产监督管理职责的部门报告。	**第六十五条** 安全生产监督检查人员应当将检查的时间、地点、内容、发现的问题及其处理情况，作出书面记录，并由检查人员和被检查单位的负责人签字；被检查单位的负责人拒绝签字的，检查人员应当将情况记录在案，并向负有安全生产监督管理职责的部门报告。

1. 本条对安全生产监督检查人员进行检查时的记录作了规定。书面记录应当包括检查内容、发现的问题及处理情况等重要信息。

2. 本条对被检查单位的负责人拒绝签字的情形作了特别规定。检查人员应当将情况记录在案，并向有关部门报告。

第六十九条 【监督检查的配合】

第六十九条 负有安全生产监督管理职责的部门在监督检查中，应当互相配合，实行联合检查；	**第六十六条** 负有安全生产监督管理职责的部门在监督检查中，应当互相配合，实行联合检查；

确需分别进行检查的，应当互通情况，发现存在的安全问题应当由其他有关部门进行处理的，应当及时移送其他有关部门并形成记录备查，接受移送的部门应当及时进行处理。	确需分别进行检查的，应当互通情况，发现存在的安全问题应当由其他有关部门进行处理的，应当及时移送其他有关部门并形成记录备查，接受移送的部门应当及时进行处理。

1. 本条规定了相关负有安全生产监督管理职责的部门的配合义务。要求尽量互相配合、联合检查，避免对生产经营单位正常经营造成干扰。

2. 有关部门的移送义务。发现安全问题的，应当及时移送其他部门并记录备查。

3. 接受移送的部门应当及时进行处理。

第七十条 【强制停止生产经营活动】

第七十条 负有安全生产监督管理职责的部门依法对存在重大事故隐患的生产经营单位作出停产停业、停止施工、停止使用相关设施或者设备的决定，生产经营单位应当依法执行，及时消除事故隐患。生产经营单位拒不执行，有发生生产安全事故的现实危险的，在保证安全的前提下，经本部门主要负责人批准，负有安全生产监督管理职责的部门可以采取通知有关单位停止供电、停止供应民用爆炸物品等措施，强制生产经营单位履行决定。通知应当采用书面形式，有关单位应当予以配合。 负有安全生产监督管理职责的部门依照前款规定采取停止供电	**第六十七条** 负有安全生产监督管理职责的部门依法对存在重大事故隐患的生产经营单位作出停产停业、停止施工、停止使用相关设施或者设备的决定，生产经营单位应当依法执行，及时消除事故隐患。生产经营单位拒不执行，有发生生产安全事故的现实危险的，在保证安全的前提下，经本部门主要负责人批准，负有安全生产监督管理职责的部门可以采取通知有关单位停止供电、停止供应民用爆炸物品等措施，强制生产经营单位履行决定。通知应当采用书面形式，有关单位应当予以配合。 负有安全生产监督管理职责的部门依照前款规定采取停止供电

<table>
<tr><td>措施，除有危及生产安全的紧急情形外，应当提前二十四小时通知生产经营单位。生产经营单位依法履行行政决定、采取相应措施消除事故隐患的，负有安全生产监督管理职责的部门应当及时解除前款规定的措施。</td><td>措施，除有危及生产安全的紧急情形外，应当提前二十四小时通知生产经营单位。生产经营单位依法履行行政决定、采取相应措施消除事故隐患的，负有安全生产监督管理职责的部门应当及时解除前款规定的措施。</td></tr>
<tr><td colspan="2">1. 本条第一款规定对存在重大事故隐患的生产经营单位，有关单位有权作出停产停业、停止施工、停止使用相关设施或者设备的决定。生产经营单位负有依法执行的义务，从而及时消除事故隐患。
2. 本条第二款规定了采取停止供电措施的相关条件，目的是避免给生产经营单位造成损害。
3. 生产经营单位按照行政决定经采取措施消除事故隐患后，有关部门应及时解除停止供电的措施，保障生产经营单位恢复生产。</td></tr>
</table>

第七十一条　【安全生产监察】

<table>
<tr><td>第七十一条　监察机关依照监察法的规定，对负有安全生产监督管理职责的部门及其工作人员履行安全生产监督管理职责实施监察。</td><td>第六十八条　监察机关依照~~行政~~监察法的规定，对负有安全生产监督管理职责的部门及其工作人员履行安全生产监督管理职责实施监察。</td></tr>
<tr><td colspan="2">《监察法》第三条规定，各级监察委员会是行使国家监察职能的专责机关，依照本法对所有行使公权力的公职人员进行监察，调查职务违法和职务犯罪，开展廉政建设和反腐败工作。负有安全生产监督管理职责部门工作人员作为公职人员，理应尽职尽责履行安全生产检查等职责，如果存在失职渎职等违法犯罪行为的，监察机关将依法行使监察职权。</td></tr>
</table>

第七十二条 【中介机构的条件和责任】

第七十二条 承担安全评价、认证、检测、检验**职责**的机构应当具备国家规定的资质条件，并对其作出的安全评价、认证、检测、检验结果**的合法性、真实性**负责。**资质条件由国务院应急管理部门会同国务院有关部门制定。** **承担安全评价、认证、检测、检验职责的机构应当建立并实施服务公开和报告公开制度，不得租借资质、挂靠、出具虚假报告。**	**第六十九条** 承担安全评价、认证、检测、检验的机构应当具备国家规定的资质条件，并对其作出的安全评价、认证、检测、检验的结果负责。

1. 本条对承担安全评价、认证、检测、检验职责机构的法律义务作了规定。要求有关机关应当对所作结果的合法性、真实性负责。

2. 本条明确承担安全评价、认证、检测、检验职责机构的资质条件，由国务院应急管理部门会同国务院有关部门制定。

3. 本条规定承担安全评价、认证、检测、检验职责的机构应当建立并实施服务公开和报告公开制度，增加以上单位服务透明度、报告公开度，便于加强监督管理。

4. 以上机构不将其资质租出或者借入，不得允许他人挂靠或者挂靠他人，更不得出具虚假报告。

第七十三条 【安全生产举报制度】

第七十三条 负有安全生产监督管理职责的部门应当建立举报制度，公开举报电话、信箱或者电子邮件地址**等网络举报平台**，受理有关安全生产的举报；受理的举报事项经调查核实后，应当形成书面材料；需要落实整改措施	**第七十条** 负有安全生产监督管理职责的部门应当建立举报制度，公开举报电话、信箱或者电子邮件地址，受理有关安全生产的举报；受理的举报事项经调查核实后，应当形成书面材料；需要落实整改措施的，报经有关负

的，报经有关负责人签字并督促落实。**对不属于本部门职责，需要由其他有关部门进行调查处理的，转交其他有关部门处理。** **涉及人员死亡的举报事项，应当由县级以上人民政府组织核查处理。**	责人签字并督促落实。

1. 本条对举报制度作了规定。要求负有安全生产监督管理职责的部门建立举报制度，通过多种方式受理有关安全生产的举报，并调查核实和督促整改。

2. 有关部门发现安全生产举报应由其他部门调查处理的，须移交其他有关部门处理，不得置之不理。

3. 涉及人员死亡的安全生产举报事项，通常较为严重，法律规定由县级以上人员政府核查处理。

第七十四条 【违法举报和公益诉讼】

第七十四条 任何单位或者个人对事故隐患或者安全生产违法行为，均有权向负有安全生产监督管理职责的部门报告或者举报。 **因安全生产违法行为造成重大事故隐患或者导致重大事故，致使国家利益或者社会公共利益受到侵害的，人民检察院可以根据民事诉讼法、行政诉讼法的相关规定提起公益诉讼。**	**第七十一条** 任何单位或者个人对事故隐患或者安全生产违法行为，均有权向负有安全生产监督管理职责的部门报告或者举报。

1. 本条规定了对安全生产违法行为举报的权利。

2. 本条增加规定了公益诉讼。根据中央文件规定的精神，这次安全生产法修改增加规定了公益诉讼，检察机关可以依法提起民事检察公益诉讼或者行政检察公益诉讼。

第七十五条　【居委会、村委会的监督】

第七十五条　居民委员会、村民委员会发现其所在区域内的生产经营单位存在事故隐患或者安全生产违法行为时，应当向当地人民政府或者有关部门报告。	**第七十二条**　居民委员会、村民委员会发现其所在区域内的生产经营单位存在事故隐患或者安全生产违法行为时，应当向当地人民政府或者有关部门报告。

本条对基层组织的报告义务提出了要求，规定居民委员会和村民委员会发现所在区域内存在事故隐患或者安全生产违法行为时，应当向当地人民政府或者有关部门报告。

第七十六条　【举报奖励】

第七十六条　县级以上各级人民政府及其有关部门对报告重大事故隐患或者举报安全生产违法行为的有功人员，给予奖励。具体奖励办法由国务院**应急**管理部门会同国务院财政部门制定。	**第七十三条**　县级以上各级人民政府及其有关部门对报告重大事故隐患或者举报安全生产违法行为的有功人员，给予奖励。具体奖励办法由国务院~~安全生产监督~~管理部门会同国务院财政部门制定。

对安全生产违法行为的举报，对于做好安全生产工作发挥了积极作用。本条对安全生产违法行为举报的奖励作了专门规定，有关部门已经制定了具体办法。

第七十七条　【舆论监督】

第七十七条　新闻、出版、广播、电影、电视等单位有进行安全生产公益宣传教育的义务，有对违反安全生产法律、法规的行为进行舆论监督的权利。	**第七十四条**　新闻、出版、广播、电影、电视等单位有进行安全生产公益宣传教育的义务，有对违反安全生产法律、法规的行为进行舆论监督的权利。

本条规定了新闻、出版等单位的安全生产公益宣传教育义务，并明确规定对安全生产工作有舆论监督权，充分发挥新闻媒体对安全生产的宣传和监督重要作用。

第七十八条　【安全生产违法行为信息库】

第七十八条　负有安全生产监督管理职责的部门应当建立安全生产违法行为信息库，如实记录生产经营单位**及其有关从业人员**的安全生产违法行为信息；对违法行为情节严重的生产经营单位**及其有关从业人员**，应当**及时**向社会公告，并通报行业主管部门、投资主管部门、**自然**资源主管部门、**生态环境主管部门**、证券监督管理机构以及有关金融机构。**有关部门和机构应当对存在失信行为的生产经营单位及其有关从业人员采取加大执法检查频次、暂停项目审批、上调有关保险费率、行业或者职业禁入等联合惩戒措施，并向社会公示。** **负有安全生产监督管理职责的部门应当加强对生产经营单位行政处罚信息的及时归集、共享、应用和公开，对生产经营单位作出处罚决定后七个工作日内在监督管理部门公示系统予以公开曝光，强化对违法失信生产经营单位及其有关从业人员的社会监督，提高全社会安全生产诚信水平。**	**第七十五条**　负有安全生产监督管理职责的部门应当建立安全生产违法行为信息库，如实记录生产经营单位的安全生产违法行为信息；对违法行为情节严重的生产经营单位，应当向社会公告，并通报行业主管部门、投资主管部门、~~国土~~资源主管部门、证券监督管理机构以及有关金融机构。

1. 本条规定负有安全生产监督管理职责的部门应当建立安全生产违法行为信息库，如实记录有关单位和从业人员的安全生产违法信息，并通报给有关部门。

2. 这次安全生产法修改，新增了联合惩戒措施，并向社会公示。此外，还增加规定了生产经营单位行政处罚信息的公开曝光，强化社会监督，提高全社会安全生产诚信水平。

第五章　生产安全事故的应急救援与调查处理

第七十九条　【事故应急救援队伍与信息系统】

第七十九条　国家加强生产安全事故应急能力建设，在重点行业、领域建立应急救援基地和应急救援队伍，**并由国家安全生产应急救援机构统一协调指挥；**鼓励生产经营单位和其他社会力量建立应急救援队伍，配备相应的应急救援装备和物资，提高应急救援的专业化水平。 国务院**应急**管理部门**牵头**建立全国统一的生产安全事故应急救援信息系统，国务院**交通运输、住房和城乡建设、水利、民航等**有关部门**和县级以上地方人民政府**建立健全相关行业、领域、**地**区的生产安全事故应急救援信息系统，**实现互联互通、信息共享，通过推行网上安全信息采集、安全监管和监测预警，提升监管的精准化、智能化水平。**	**第七十六条**　国家加强生产安全事故应急能力建设，在重点行业、领域建立应急救援基地和应急救援队伍，鼓励生产经营单位和其他社会力量建立应急救援队伍，配备相应的应急救援装备和物资，提高应急救援的专业化水平。 国务院~~安全生产监督~~管理部门建立全国统一的生产安全事故应急救援信息系统，国务院有关部门建立健全相关行业、领域的生产安全事故应急救援信息系统。

1. 本条对应急救援能力建设作了专门规定。国家加强生产安全事故应急能力建设，相关救援力量由国家安全生产应急救援机构统一协调指挥；生产经营单位和其他社会力量也可以建立应急救援队伍，提高应急救援的专业化水平。

2. 这次安全生产法修改，明确由国务院应急管理部门牵头建立全国

统一的生产安全事故应急救援信息系统，其他部门和县级以上地方人民政府建立健全相关救援信息系统，实现互联互通、信息共享，提升网上监督管理能力。

第八十条 【事故应急救援预案与体系】

第八十条 县级以上地方各级人民政府应当组织有关部门制定本行政区域内生产安全事故应急救援预案，建立应急救援体系。 **乡镇人民政府和街道办事处，以及开发区、工业园区、港区、风景区等应当制定相应的生产安全事故应急救援预案，协助人民政府有关部门或者按照授权依法履行生产安全事故应急救援工作职责。**	**第七十七条** 县级以上地方各级人民政府应当组织有关部门制定本行政区域内生产安全事故应急救援预案，建立应急救援体系。
1. 本条对建立应急救援体系作了规定。要求县级以上地方各级人民政府都应该制定本辖区内的生产安全事故应急救援预案，建立应急救援体系。 2. 这次安全生产法修改，增加规定了本条第二款的内容，对乡镇人民政府和街道办事处，以及开发区、工业园区、港区、风景区等制定相关应急救援预案，履行应急救援职责提出了明确要求。	

第八十一条 【事故应急救援预案的制定与演练】

第八十一条 生产经营单位应当制定本单位生产安全事故应急救援预案，与所在地县级以上地方人民政府组织制定的生产安全事故应急救援预案相衔接，并定期组织演练。	**第七十八条** 生产经营单位应当制定本单位生产安全事故应急救援预案，与所在地县级以上地方人民政府组织制定的生产安全事故应急救援预案相衔接，并定期组织演练。

本条规定生产经营单位应当制定本单位生产安全事故应急救援预案，同时要求与政府部门制定的相关预案相衔接，定期组织演练，提高应急救援的实战性。

第八十二条　【高危行业的应急救援要求】

第八十二条　危险物品的生产、经营、储存单位以及矿山、金属冶炼、城市轨道交通运营、建筑施工单位应当建立应急救援组织；生产经营规模较小的，可以不建立应急救援组织，但应当指定兼职的应急救援人员。 危险物品的生产、经营、储存、运输单位以及矿山、金属冶炼、城市轨道交通运营、建筑施工单位应当配备必要的应急救援器材、设备和物资，并进行经常性维护、保养，保证正常运转。	**第七十九条**　危险物品的生产、经营、储存单位以及矿山、金属冶炼、城市轨道交通运营、建筑施工单位应当建立应急救援组织；生产经营规模较小的，可以不建立应急救援组织，但应当指定兼职的应急救援人员。 危险物品的生产、经营、储存、运输单位以及矿山、金属冶炼、城市轨道交通运营、建筑施工单位应当配备必要的应急救援器材、设备和物资，并进行经常性维护、保养，保证正常运转。
本条对高危行业、领域建立应急救援组织作了规定，包括危险物品的生产、经营、储存、运输单位以及矿山、金属冶炼、城市轨道交通运营、建筑施工单位。这些单位还应配备必要的应急救援器材、设备和物资，并做好维护、保养。	

第八十三条　【单位报告和组织抢救义务】

第八十三条　生产经营单位发生生产安全事故后，事故现场有关人员应当立即报告本单位负责人。 单位负责人接到事故报告后，	**第八十条**　生产经营单位发生生产安全事故后，事故现场有关人员应当立即报告本单位负责人。 单位负责人接到事故报告后，

应当迅速采取有效措施，组织抢救，防止事故扩大，减少人员伤亡和财产损失，并按照国家有关规定立即如实报告当地负有安全生产监督管理职责的部门，不得隐瞒不报、谎报或者迟报，不得故意破坏事故现场、毁灭有关证据。	应当迅速采取有效措施，组织抢救，防止事故扩大，减少人员伤亡和财产损失，并按照国家有关规定立即如实报告当地负有安全生产监督管理职责的部门，不得隐瞒不报、谎报或者迟报，不得故意破坏事故现场、毁灭有关证据。

本条对生产经营单位发生事故的应急处置作了规定。要求现场人员立即报告本单位负责人，单位负责人应当迅速采取有效措施，开展组织抢救工作，并负有立即、如实报告义务，不得隐瞒不报、谎报或者迟报；明确要求不得故意破坏事故现场、毁灭有关证据，掩盖事故情况。

第八十四条 【安全监管部门的事故报告】

第八十四条 负有安全生产监督管理职责的部门接到事故报告后，应当立即按照国家有关规定上报事故情况。负有安全生产监督管理职责的部门和有关地方人民政府对事故情况不得隐瞒不报、谎报或者迟报。	**第八十一条** 负有安全生产监督管理职责的部门接到事故报告后，应当立即按照国家有关规定上报事故情况。负有安全生产监督管理职责的部门和有关地方人民政府对事故情况不得隐瞒不报、谎报或者迟报。

本条规定有关部门应当及时上报事故情况。对事故情况进行隐瞒不报、谎报有关情况或者不及时上报，给后续事故救援及时开展设置了障碍，逃避责任追究。

第八十五条 【事故抢救】

第八十五条 有关地方人民政府和负有安全生产监督管理职责的部门的负责人接到生产安全事	**第八十二条** 有关地方人民政府和负有安全生产监督管理职责的部门的负责人接到生产安全事

故报告后，应当按照生产安全事故应急救援预案的要求立即赶到事故现场，组织事故抢救。 参与事故抢救的部门和单位应当服从统一指挥，加强协同联动，采取有效的应急救援措施，并根据事故救援的需要采取警戒、疏散等措施，防止事故扩大和次生灾害的发生，减少人员伤亡和财产损失。 事故抢救过程中应当采取必要措施，避免或者减少对环境造成的危害。 任何单位和个人都应当支持、配合事故抢救，并提供一切便利条件。	故报告后，应当按照生产安全事故应急救援预案的要求立即赶到事故现场，组织事故抢救。 参与事故抢救的部门和单位应当服从统一指挥，加强协同联动，采取有效的应急救援措施，并根据事故救援的需要采取警戒、疏散等措施，防止事故扩大和次生灾害的发生，减少人员伤亡和财产损失。 事故抢救过程中应当采取必要措施，避免或者减少对环境造成的危害。 任何单位和个人都应当支持、配合事故抢救，并提供一切便利条件。

本条对事故抢救作了规定。

1. 事故抢救的及时性。有关地方人民政府和部门的负责人接到生产安全事故报告后，应当按照生产安全事故应急救援预案的要求，立即赶到事故现场，组织事故抢救，尽可能地挽救生命财产。

2. 事故抢救的协调。事故抢救需要有序进行，服从统一指挥，加强协同联动，最大限度地提高抢救效率，提升救援效果。

3. 事故抢救需防止事故扩大和次生灾害的发生。

4. 事故抢救需避免或者减少对环境的损害。

5. 事故救援涉及人员生命健康和财产安全，时间紧迫、任务繁重，任何单位和个人都应当支持和配合事故救援，并提供一切便利条件。

第八十六条　【事故调查处理】

第八十六条　事故调查处理应当按照科学严谨、依法依规、实事求是、注重实效的原则，及时、	**第八十三条**　事故调查处理应当按照科学严谨、依法依规、实事求是、注重实效的原则，及时、

准确地查清事故原因，查明事故性质和责任，**评估应急处置工作，**总结事故教训，提出整改措施，并对事故责任**单位和人员**提出**处理建议**。事故调查报告应当依法及时向社会公布。事故调查和处理的具体办法由国务院制定。 事故发生单位应当及时全面落实整改措施，负有安全生产监督管理职责的部门应当加强监督检查。 **负责事故调查处理的国务院有关部门和地方人民政府应当在批复事故调查报告后一年内，组织有关部门对事故整改和防范措施落实情况进行评估，并及时向社会公开评估结果；对不履行职责导致事故整改和防范措施没有落实的有关单位和人员，应当按照有关规定追究责任。**	准确地查清事故原因，查明事故性质和责任，总结事故教训，提出整改措施，并对事故责任者提出处理~~意见~~。事故调查报告应当依法及时向社会公布。事故调查和处理的具体办法由国务院制定。 事故发生单位应当及时全面落实整改措施，负有安全生产监督管理职责的部门应当加强监督检查。

本条对生产安全事故调查作了较为全面的规定。

1. 事故调查原则。事故调查关系到事故原因的查明，也关系到后续相关责任的追究。事故调查需以事实为依据，按照科学严谨、依法依规、实事求是、注重实效的原则，及时、准确地查清事故原因，查明事故性质和责任。

2. 事故调查处理。事故调查时，应注重总结事故教训，提出整改措施，避免类似事故的发生；同时，对事故责任单位和人员提出处理建议。

3. 事后调查公布。事故调查后，应当依法及时向社会公布，保障社会公众的知情权和监督权，接受社会监督。

4. 事故整改措施的落实。这次安全生产法修改，增加规定负责事故调查处理的国务院有关部门和地方人民政府应当在批复事故调查报告后一年内，组织有关部门对事故整改和防范措施落实情况进行评估，并及时向社会公开评估结果，更加注重事后整改措施的落实。

第八十七条　【责任追究】

<table>
<tr><td>第八十七条　生产经营单位发生生产安全事故，经调查确定为责任事故的，除了应当查明事故单位的责任并依法予以追究外，还应当查明对安全生产的有关事项负有审查批准和监督职责的行政部门的责任，对有失职、渎职行为的，依照本法第九十条的规定追究法律责任。</td><td>第八十四条　生产经营单位发生生产安全事故，经调查确定为责任事故的，除了应当查明事故单位的责任并依法予以追究外，还应当查明对安全生产的有关事项负有审查批准和监督职责的行政部门的责任，对有失职、渎职行为的，依照本法第<del>八十七</del>条的规定追究法律责任。</td></tr>
<tr><td colspan="2">生产安全事故发生后，不仅要落实生产经营单位主体责任，而且要追究政府有关部门的监督管理责任，查明是否存在失职、渎职行为。</td></tr>
</table>

第八十八条　【事故调查处理不得干涉】

<table>
<tr><td>第八十八条　任何单位和个人不得阻挠和干涉对事故的依法调查处理。</td><td>第八十五条　任何单位和个人不得阻挠和干涉对事故的依法调查处理。</td></tr>
<tr><td colspan="2">本条明确规定生产安全事故调查不受任何外界的阻挠和干扰，依法保障事故调查的公开公正。</td></tr>
</table>

第八十九条　【事故定期统计分析和定期公布制度】

<table>
<tr><td>第八十九条　县级以上地方各级人民政府应急管理部门应当定期统计分析本行政区域内发生生产安全事故的情况，并定期向社会公布。</td><td>第八十六条　县级以上地方各级人民政府<del>安全生产监督</del>管理部门应当定期统计分析本行政区域内发生生产安全事故的情况，并定期向社会公布。</td></tr>
</table>

本条规定了县级以上地方各级人民政府应急管理部门对安全生产事故情况的统计和公开义务，督促有关部门全面掌握辖区内的安全生产整体状况，保障社会公众的知情权和监督权。

第六章　法律责任

第九十条　【监管部门工作人员违法责任】

第九十条　负有安全生产监督管理职责的部门的工作人员，有下列行为之一的，给予降级或者撤职的处分；构成犯罪的，依照刑法有关规定追究刑事责任： （一）对不符合法定安全生产条件的涉及安全生产的事项予以批准或者验收通过的； （二）发现未依法取得批准、验收的单位擅自从事有关活动或者接到举报后不予取缔或者不依法予以处理的； （三）对已经依法取得批准的单位不履行监督管理职责，发现其不再具备安全生产条件而不撤销原批准或者发现安全生产违法行为不予查处的； （四）在监督检查中发现重大事故隐患，不依法及时处理的。 负有安全生产监督管理职责的部门的工作人员有前款规定以外的滥用职权、玩忽职守、徇私舞弊行为的，依法给予处分；构成犯罪的，依照刑法有关规定追究刑事责任。	**第八十七条**　负有安全生产监督管理职责的部门的工作人员，有下列行为之一的，给予降级或者撤职的处分；构成犯罪的，依照刑法有关规定追究刑事责任： （一）对不符合法定安全生产条件的涉及安全生产的事项予以批准或者验收通过的； （二）发现未依法取得批准、验收的单位擅自从事有关活动或者接到举报后不予取缔或者不依法予以处理的； （三）对已经依法取得批准的单位不履行监督管理职责，发现其不再具备安全生产条件而不撤销原批准或者发现安全生产违法行为不予查处的； （四）在监督检查中发现重大事故隐患，不依法及时处理的。 负有安全生产监督管理职责的部门的工作人员有前款规定以外的滥用职权、玩忽职守、徇私舞弊行为的，依法给予处分；构成犯罪的，依照刑法有关规定追究刑事责任。

1. 本条规定负有安全生产监督管理职责的部门工作人员的法律责任，列举了给予降级或者撤职处分、追究刑事责任的具体情形。 2. 本条第二款规定，有关人员存在其他滥用职权、玩忽职守、徇私舞弊行为的，依法给予处分，追究刑事责任。

第九十一条 【监管部门违法责任】

第九十一条 负有安全生产监督管理职责的部门，要求被审查、验收的单位购买其指定的安全设备、器材或者其他产品的，在对安全生产事项的审查、验收中收取费用的，由其上级机关或者监察机关责令改正，责令退还收取的费用；情节严重的，对直接负责的主管人员和其他直接责任人员依法给予处分。	**第八十八条** 负有安全生产监督管理职责的部门，要求被审查、验收的单位购买其指定的安全设备、器材或者其他产品的，在对安全生产事项的审查、验收中收取费用的，由其上级机关或者监察机关责令改正，责令退还收取的费用；情节严重的，对直接负责的主管人员和其他直接责任人员依法给予处分。
本法第六十四条规定负有安全生产监督管理职责的部门审查、验收时的禁止性行为，即不得收取费用、指定购买产品等。本条对违反以上规定的负有安全生产监督管理职责的部门，规定了相应的法律责任。	

第九十二条 【中介机构违法责任】

第九十二条 承担安全评价、认证、检测、检验职责的机构出具失实报告的，责令停业整顿，并处三万元以上十万元以下的罚款；给他人造成损害的，依法承担赔偿责任。 承担安全评价、认证、检测、	**第八十九条** 承担安全评价、认证、检测、检验~~工作~~的机构，出具虚假~~证明~~的，没收违法所得；违法所得在十万元以上的，并处违法所得二倍以上五倍以下的罚款~~；~~没有违法所得或者违法所得不足十万元的，单处或者并处十万

检验**职责**的机构**租借资质、挂靠、**出具虚假**报告**的，没收违法所得；违法所得在十万元以上的，并处违法所得二倍以上五倍以下的罚款，没有违法所得或者违法所得不足十万元的，单处或者并处十万元以上二十万元以下的罚款；对其直接负责的主管人员和其他直接责任人员处**五**万元以上**十**万元以下的罚款；给他人造成损害的，与生产经营单位承担连带赔偿责任；构成犯罪的，依照刑法有关规定追究刑事责任。 对有前款违法行为的机构**及其直接责任人员**，吊销其相应资**质和资格，五年内不得从事安全评价、认证、检测、检验等工作；情节严重的，实行终身行业和职业禁入**。	元以上二十万元以下的罚款；对其直接负责的主管人员和其他直接责任人员处**二**[1]万元以上**五**万元以下的罚款；给他人造成损害的，与生产经营单位承担连带赔偿责任；构成犯罪的，依照刑法有关规定追究刑事责任。 对有前款违法行为的机构，吊销其相应资质。

本法第七十二条规定了承担安全评价、认证、检测、检验职责机构的法律义务，本条规定了相应的法律责任。

1. 承担安全评价、认证、检测、检验职责的机构出具失实报告的，责令停业整顿，并处罚款；给他人造成损害的，依法承担赔偿责任。

2. 承担安全评价、认证、检测、检验职责的机构租借资质、挂靠、出具虚假报告的，没收违法所得；给他人造成损害的，与生产经营单位承担连带赔偿责任；构成犯罪的，依照刑法有关规定追究刑事责任。

3. 承担安全评价、认证、检测、检验职责的机构租借资质、挂靠、出具虚假报告的，对机构及其直接责任人员，吊销其相应资质和资格，五年内不得从事安全评价、认证、检测、检验等工作；情节严重的，实行终身行业和职业禁入。

---

① 为避免此处使用删除线符号造成歧义，特以黑体替代。下同。

第九十三条 【资金投入违法责任】

第九十三条 生产经营单位的决策机构、主要负责人或者个人经营的投资人不依照本法规定保证安全生产所必需的资金投入，致使生产经营单位不具备安全生产条件的，责令限期改正，提供必需的资金；逾期未改正的，责令生产经营单位停产停业整顿。 有前款违法行为，导致发生生产安全事故的，对生产经营单位的主要负责人给予撤职处分，对个人经营的投资人处二万元以上二十万元以下的罚款；构成犯罪的，依照刑法有关规定追究刑事责任。	**第九十条** 生产经营单位的决策机构、主要负责人或者个人经营的投资人不依照本法规定保证安全生产所必需的资金投入，致使生产经营单位不具备安全生产条件的，责令限期改正，提供必需的资金；逾期未改正的，责令生产经营单位停产停业整顿。 有前款违法行为，导致发生生产安全事故的，对生产经营单位的主要负责人给予撤职处分，对个人经营的投资人处二万元以上二十万元以下的罚款；构成犯罪的，依照刑法有关规定追究刑事责任。

本法第二十三条对生产经营单位应当具备的安全生产条件所必需的资金投入作了规定，要求由生产经营单位的决策机构、主要负责人或者个人经营的投资人予以保证，并对由于安全生产所必需的资金投入不足导致的后果承担责任。本条规定了相应的法律责任。

第九十四条 【单位主要负责人违法责任】

第九十四条 生产经营单位的主要负责人未履行本法规定的安全生产管理职责的，责令限期改正，**处二万元以上五万元以下的罚款**；逾期未改正的，处五万元以上十万元以下的罚款，责令生产经营单位停产停业整顿。 生产经营单位的主要负责人有	**第九十一条** 生产经营单位的主要负责人未履行本法规定的安全生产管理职责的，责令限期改正；逾期未改正的，处二万元以上五万元以下的罚款，责令生产经营单位停产停业整顿。 生产经营单位的主要负责人有前款违法行为，导致发生生产安

<table>
<tr>
<td>前款违法行为，导致发生生产安全事故的，给予撤职处分；构成犯罪的，依照刑法有关规定追究刑事责任。
生产经营单位的主要负责人依照前款规定受刑事处罚或者撤职处分的，自刑罚执行完毕或者受处分之日起，五年内不得担任任何生产经营单位的主要负责人；对重大、特别重大生产安全事故负有责任的，终身不得担任本行业生产经营单位的主要负责人。</td>
<td>全事故的，给予撤职处分；构成犯罪的，依照刑法有关规定追究刑事责任。
生产经营单位的主要负责人依照前款规定受刑事处罚或者撤职处分的，自刑罚执行完毕或者受处分之日起，五年内不得担任任何生产经营单位的主要负责人；对重大、特别重大生产安全事故负有责任的，终身不得担任本行业生产经营单位的主要负责人。</td>
</tr>
<tr>
<td colspan="2">本法第二十一条规定了生产经营单位的主要负责人职责。生产经营单位的主要负责人是否履行职责，对本单位的安全生产至关重要，本条规定了相应的法律责任。
1. 生产经营单位的主要负责人未履行本法规定的安全生产管理职责的，责令限期改正，并处罚款；逾期未改正的，并处罚款，责令生产经营单位停产停业整顿。
2. 生产经营单位的主要负责人因未履行职责导致生产安全事故发生的，给予撤职处分；构成犯罪的，依照刑法有关规定追究刑事责任。
3. 生产经营单位的主要负责人因未履行职责导致生产安全事故发生，受刑事处罚或者撤职处分的，还将受相应职业禁入处罚。</td>
</tr>
</table>

第九十五条 【对单位主要负责人罚款】

第九十五条 生产经营单位的主要负责人未履行本法规定的安全生产管理职责，导致发生生产安全事故的，由**应急**管理部门依照下列规定处以罚款： （一）发生一般事故的，处上一年年收入百分之**四**十的罚款；	**第九十二条** 生产经营单位的主要负责人未履行本法规定的安全生产管理职责，导致发生生产安全事故的，由~~安全生产监督~~管理部门依照下列规定处以罚款： （一）发生一般事故的，处上一年年收入百分之**三**十的罚款；

（二）发生较大事故的，处上一年年收入百分之六十的罚款； （三）发生重大事故的，处上一年年收入百分之八十的罚款； （四）发生特别重大事故的，处上一年年收入百分之**一百**的罚款。	（二）发生较大事故的，处上一年年收入百分之~~四~~十的罚款； （三）发生重大事故的，处上一年年收入百分之~~六~~十的罚款； （四）发生特别重大事故的，处上一年年收入百分之~~六十~~的罚款。

生产经营单位的主要负责人未履行法定职责，导致发生生产安全事故的，将对其个人进行经济处罚。根据事故等级和其上一年年收入，分别处以不同等级的罚款。

第九十六条　【单位安全生产管理人员违法责任】

第九十六条　生产经营单位的**其他负责人和**安全生产管理人员未履行本法规定的安全生产管理职责的，责令限期改正，**处一万元以上三万元以下的罚款**；导致发生生产安全事故的，暂停或者**吊**销其与安全生产有关的资格，**并处上一年年收入百分之二十以上百分之五十以下的罚款**；构成犯罪的，依照刑法有关规定追究刑事责任。	**第九十三条**　生产经营单位的安全生产管理人员未履行本法规定的安全生产管理职责的，责令限期改正；导致发生生产安全事故的，暂停或者**撤**销其与安全生产有关的资格；构成犯罪的，依照刑法有关规定追究刑事责任。

本法第二十五条规定了生产经营单位的安全生产管理机构以及安全生产管理人员的职责。

1. 除生产经营单位主要负责人外，生产经营单位的其他负责人和安全生产管理人员未履行本法规定的安全生产管理职责的，责令限期改正，并处罚款。

2. 如果导致发生生产安全事故的，还将暂停或者吊销其与安全生产有关的资格，并处上一年年收入百分之二十以上百分之五十以下的罚款；构成犯罪的，依照刑法有关规定追究刑事责任。

第九十七条 【生产经营单位安全管理违法责任（一）】

第九十七条 生产经营单位有下列行为之一的，责令限期改正，**处十**万元以下的罚款；逾期未改正的，责令停产停业整顿，并处**十**万元以上**二十**万元以下的罚款，对其直接负责的主管人员和其他直接责任人员处**二**万元以上**五**万元以下的罚款：	**第九十四条** 生产经营单位有下列行为之一的，责令限期改正，~~可以~~处~~五~~万元以下的罚款；逾期未改正的，责令停产停业整顿，并处~~五~~万元以上十万元以下的罚款，对其直接负责的主管人员和其他直接责任人员处一万元以上二万元以下的罚款：
（一）未按照规定设置安全生产管理机构或者配备安全生产管理人员**、注册安全工程师**的；	（一）未按照规定设置安全生产管理机构或者配备安全生产管理人员的；
（二）危险物品的生产、经营、储存**、装卸**单位以及矿山、金属冶炼、建筑施工、运输单位的主要负责人和安全生产管理人员未按照规定经考核合格的；	（二）危险物品的生产、经营、储存单位以及矿山、金属冶炼、建筑施工、~~道路~~运输单位的主要负责人和安全生产管理人员未按照规定经考核合格的；
（三）未按照规定对从业人员、被派遣劳动者、实习学生进行安全生产教育和培训，或者未按照规定如实告知有关的安全生产事项的；	（三）未按照规定对从业人员、被派遣劳动者、实习学生进行安全生产教育和培训，或者未按照规定如实告知有关的安全生产事项的；
（四）未如实记录安全生产教育和培训情况的；	（四）未如实记录安全生产教育和培训情况的；
（五）未将事故隐患排查治理情况如实记录或者未向从业人员通报的；	（五）未将事故隐患排查治理情况如实记录或者未向从业人员通报的；
（六）未按照规定制定生产安全事故应急救援预案或者未定期组织演练的；	（六）未按照规定制定生产安全事故应急救援预案或者未定期组织演练的；
（七）特种作业人员未按照规定经专门的安全作业培训并取得相应资格，上岗作业的。	（七）特种作业人员未按照规定经专门的安全作业培训并取得相应资格，上岗作业的。

生产经营单位是生产安全责任的承担主体，本法第二十五条、第二十七条、第四十一条、第四十四条、第八十一条对生产经营单位的生产安全职责作了详细规定。本条对生产经营单位存在相关行为之一的，规定责令限期改正，纠正生产经营单位违法违规行为；逾期不改正的，将责令停产停业整顿，对单位及其直接负责的主管人员和其他直接责任人员予以罚款。

第九十八条 【建设项目违法责任】

第九十八条 生产经营单位有下列行为之一的，责令停止建设或者停产停业整顿，限期改正，**并处十万元以上五十万元以下的罚款，对其直接负责的主管人员和其他直接责任人员处二万元以上五万元以下的罚款**；逾期未改正的，处五十万元以上一百万元以下的罚款，对其直接负责的主管人员和其他直接责任人员处**五**万元以上**十**万元以下的罚款；构成犯罪的，依照刑法有关规定追究刑事责任： （一）未按照规定对矿山、金属冶炼建设项目或者用于生产、储存、装卸危险物品的建设项目进行安全评价的； （二）矿山、金属冶炼建设项目或者用于生产、储存、装卸危险物品的建设项目没有安全设施设计或者安全设施设计未按照规定报经有关部门审查同意的； （三）矿山、金属冶炼建设项	**第九十五条** 生产经营单位有下列行为之一的，责令停止建设或者停产停业整顿，限期改正；逾期未改正的，处五十万元以上一百万元以下的罚款，对其直接负责的主管人员和其他直接责任人员处二万元以上五万元以下的罚款；构成犯罪的，依照刑法有关规定追究刑事责任： （一）未按照规定对矿山、金属冶炼建设项目或者用于生产、储存、装卸危险物品的建设项目进行安全评价的； （二）矿山、金属冶炼建设项目或者用于生产、储存、装卸危险物品的建设项目没有安全设施设计或者安全设施设计未按照规定报经有关部门审查同意的； （三）矿山、金属冶炼建设项目或者用于生产、储存、装卸危险物品的建设项目的施工单位未按照批准的安全设施设计施工的； （四）矿山、金属冶炼建设项

目或者用于生产、储存、装卸危险物品的建设项目的施工单位未按照批准的安全设施设计施工的； （四）矿山、金属冶炼建设项目或者用于生产、储存、**装卸**危险物品的建设项日竣工投入生产或者使用前，安全设施未经验收合格的。	目或者用于生产、储存危险物品的建设项目竣工投入生产或者使用前，安全设施未经验收合格的。

本法对矿山、金属冶炼建设项目或者用于生产、储存、装卸危险物品的建设项目作了特殊规定。涉及施工、设计、验收、安全评价等事项的生产经营单位未履行相关要求的，责令停止建设或者停产停业整顿，限期改正，并处罚款，对其直接负责的主管人员和其他直接责任人员处罚款；逾期未改正的，对单位以及直接负责的主管人员和其他直接责任人员处以更高额度的罚款；构成犯罪的，依照刑法有关规定追究刑事责任。

第九十九条　【生产经营单位安全管理违法责任（二）】

第九十九条　生产经营单位有下列行为之一的，责令限期改正，处五万元以下的罚款；逾期未改正的，处五万元以上二十万元以下的罚款，对其直接负责的主管人员和其他直接责任人员处一万元以上二万元以下的罚款；情节严重的，责令停产停业整顿；构成犯罪的，依照刑法有关规定追究刑事责任： （一）未在有较大危险因素的生产经营场所和有关设施、设备上设置明显的安全警示标志的； （二）安全设备的安装、使用、	**第九十六条**　生产经营单位有下列行为之一的，责令限期改正，~~可以~~处五万元以下的罚款；逾期未改正的，处五万元以上二十万元以下的罚款，对其直接负责的主管人员和其他直接责任人员处一万元以上二万元以下的罚款；情节严重的，责令停产停业整顿；构成犯罪的，依照刑法有关规定追究刑事责任： （一）未在有较大危险因素的生产经营场所和有关设施、设备上设置明显的安全警示标志的； （二）安全设备的安装、使用、

检测、改造和报废不符合国家标准或者行业标准的；	检测、改造和报废不符合国家标准或者行业标准的；
（三）未对安全设备进行经常性维护、保养和定期检测的；	（三）未对安全设备进行经常性维护、保养和定期检测的；
（四）关闭、破坏直接关系生产安全的监控、报警、防护、救生设备、设施，或者篡改、隐瞒、销毁其相关数据、信息的；	
（五）未为从业人员提供符合国家标准或者行业标准的劳动防护用品的；	（四）未为从业人员提供符合国家标准或者行业标准的劳动防护用品的；
（六）危险物品的容器、运输工具，以及涉及人身安全、危险性较大的海洋石油开采特种设备和矿山井下特种设备未经具有专业资质的机构检测、检验合格，取得安全使用证或者安全标志，投入使用的；	（五）危险物品的容器、运输工具，以及涉及人身安全、危险性较大的海洋石油开采特种设备和矿山井下特种设备未经具有专业资质的机构检测、检验合格，取得安全使用证或者安全标志，投入使用的；
（七）使用应当淘汰的危及生产安全的工艺、设备的；	（六）使用应当淘汰的危及生产安全的工艺、设备的。
（八）餐饮等行业的生产经营单位使用燃气未安装可燃气体报警装置的。	

本法第三十五条至第三十八条和第四十八条，规定了生产经营单位的法定责任和义务，本条相应规定了法律责任。这里重点说明的是，为在监督管理上做好安全生产法与刑法修正案（十一）关于危险作业罪规定的衔接，本条增加规定了“关闭、破坏直接关系生产安全的监控、报警、防护、救生设备、设施，或者篡改、隐瞒、销毁其相关数据、信息”行为的处罚责任；针对餐饮等行业的生产经营单位使用燃气隐患突出问题，增加规定餐饮等行业的生产经营单位使用燃气未安装可燃气体报警装置的法律责任。

第一百条　【违法经营危险物品】

第一百条　未经依法批准，擅自生产、经营、运输、储存、使用危险物品或者处置废弃危险物品的，依照有关危险物品安全管理的法律、行政法规的规定予以处罚；构成犯罪的，依照刑法有关规定追究刑事责任。	**第九十七条**　未经依法批准，擅自生产、经营、运输、储存、使用危险物品或者处置废弃危险物品的，依照有关危险物品安全管理的法律、行政法规的规定予以处罚；构成犯罪的，依照刑法有关规定追究刑事责任。
本法第三十九条第一款规定，生产、经营、运输、储存、使用危险物品或者处置废弃危险物品的，由有关主管部门依照有关法律、法规的规定和国家标准或者行业标准审批并实施监督管理。本条规定了违反以上规定的法律责任。	

第一百零一条　【生产经营单位安全管理违法责任（三）】

第一百零一条　生产经营单位有下列行为之一的，责令限期改正，处十万元以下的罚款；逾期未改正的，责令停产停业整顿，并处十万元以上二十万元以下的罚款，对其直接负责的主管人员和其他直接责任人员处二万元以上五万元以下的罚款；构成犯罪的，依照刑法有关规定追究刑事责任： （一）生产、经营、运输、储存、使用危险物品或者处置废弃危险物品，未建立专门安全管理制度、未采取可靠的安全措施的； （二）对重大危险源未登记建档，未进行**定期检测**、评估、监控，	**第九十八条**　生产经营单位有下列行为之一的，责令限期改正，~~可以~~处十万元以下的罚款；逾期未改正的，责令停产停业整顿，并处十万元以上二十万元以下的罚款，对其直接负责的主管人员和其他直接责任人员处二万元以上五万元以下的罚款；构成犯罪的，依照刑法有关规定追究刑事责任： （一）生产、经营、运输、储存、使用危险物品或者处置废弃危险物品，未建立专门安全管理制度、未采取可靠的安全措施的； （二）对重大危险源未登记建档，~~或者~~未进行评估、监控，~~或~~

未制定应急预案，**或者未告知应急措施**的； （三）进行爆破、吊装、**动火、临时用电**以及国务院**应急**管理部门会同国务院有关部门规定的其他危险作业，未安排专门人员进行现场安全管理的； （四）**未建立安全风险分级管控制度或者未按照安全风险分级采取相应管控措施的；** （五）未建立事故隐患排查治理制度，**或者重大事故隐患排查治理情况未按照规定报告**的。	者未制定应急预案的； （三）进行爆破、吊装以及国务院~~安全生产监督~~管理部门会同国务院有关部门规定的其他危险作业，未安排专门人员进行现场安全管理的； （四）未建立事故隐患排查治理制度的。
本法第二十一条、第三十九条至第四十三条规定了生产经营单位安全生产责任，本条相应规定了法律责任。	

第一百零二条　【未采取措施消除事故隐患违法责任】

第一百零二条　生产经营单位未采取措施消除事故隐患的，责令立即消除或者限期消除，**处五万元以下的罚款**；生产经营单位拒不执行的，责令停产停业整顿，对其直接负责的主管人员和其他直接责任人员处**五**万元以上**十**万元以下的罚款；**构成犯罪的，依照刑法有关规定追究刑事责任**。	**第九十九条**　生产经营单位未采取措施消除事故隐患的，责令立即消除或者限期消除；生产经营单位拒不执行的，责令停产停业整顿，~~并处十万元以上五十万元以下的罚款，~~对其直接负责的主管人员和其他直接责任人员处二万元以上五万元以下的罚款。
生产经营单位应当建立安全风险分级管控制度，按照安全风险分级采取相应的管控措施，及时发现并消除事故隐患。生产经营单位未采取措施消除事故隐患的，将承担相应的法律责任。	

第一百零三条 【违法发包、出租和违反项目安全管理的法律责任】

第一百零三条 生产经营单位将生产经营项目、场所、设备发包或者出租给不具备安全生产条件或者相应资质的单位或者个人的，责令限期改正，没收违法所得；违法所得十万元以上的，并处违法所得二倍以上五倍以下的罚款；没有违法所得或者违法所得不足十万元的，单处或者并处十万元以上二十万元以下的罚款；对其直接负责的主管人员和其他直接责任人员处一万元以上二万元以下的罚款；导致发生生产安全事故给他人造成损害的，与承包方、承租方承担连带赔偿责任。 生产经营单位未与承包单位、承租单位签订专门的安全生产管理协议或者未在承包合同、租赁合同中明确各自的安全生产管理职责，或者未对承包单位、承租单位的安全生产统一协调、管理的，责令限期改正，处五万元以下的罚款，对其直接负责的主管人员和其他直接责任人员处一万元以下的罚款；逾期未改正的，责令停产停业整顿。 **矿山、金属冶炼建设项目和用于生产、储存、装卸危险物品的建设项目的施工单位未按照规定**	**第一百条** 生产经营单位将生产经营项目、场所、设备发包或者出租给不具备安全生产条件或者相应资质的单位或者个人的，责令限期改正，没收违法所得；违法所得十万元以上的，并处违法所得二倍以上五倍以下的罚款；没有违法所得或者违法所得不足十万元的，单处或者并处十万元以上二十万元以下的罚款；对其直接负责的主管人员和其他直接责任人员处一万元以上二万元以下的罚款；导致发生生产安全事故给他人造成损害的，与承包方、承租方承担连带赔偿责任。 生产经营单位未与承包单位、承租单位签订专门的安全生产管理协议或者未在承包合同、租赁合同中明确各自的安全生产管理职责，或者未对承包单位、承租单位的安全生产统一协调、管理的，责令限期改正，~~可以~~处五万元以下的罚款，对其直接负责的主管人员和其他直接责任人员~~可以~~处一万元以下的罚款；逾期未改正的，责令停产停业整顿。

对施工项目进行安全管理的，责令限期改正，处十万元以下的罚款，对其直接负责的主管人员和其他直接责任人员处二万元以下的罚款；逾期未改正的，责令停产停业整顿。以上施工单位倒卖、出租、出借、挂靠或者以其他形式非法转让施工资质的，责令停产停业整顿，吊销资质证书，没收违法所得；违法所得十万元以上的，并处违法所得二倍以上五倍以下的罚款，没有违法所得或者违法所得不足十万元的，单处或者并处十万元以上二十万元以下的罚款；对其直接负责的主管人员和其他直接责任人员处五万元以上十万元以下的罚款；构成犯罪的，依照刑法有关规定追究刑事责任。	

1. 本法第四十九条第一款规定，生产经营单位不得将生产经营项目、场所、设备发包或者出租给不具备安全生产条件或者相应资质的单位或者个人。本条第一款相应规定了法律责任，包括行政处罚责任，以及民事赔偿责任，即导致发生生产安全事故给他人造成损害的，与承包方、承租方承担连带赔偿责任。

2. 本法第四十九条第二款规定，生产经营项目、场所发包或者出租给其他单位的，生产经营单位应当与承包单位、承租单位签订专门的安全生产管理协议，或者在承包合同、租赁合同中约定各自的安全生产管理职责；生产经营单位对承包单位、承租单位的安全生产工作统一协调、管理，定期进行安全检查，发现安全问题的，应当及时督促整改。本条第二款相应规定了法律责任。

3. 本法第四十九条第三款中规定，矿山、金属冶炼建设项目和用于生产、储存、装卸危险物品的建设项目的施工单位应当加强对施工项目的安全管理，不得倒卖、出租、出借、挂靠或者以其他形式非法转让施工资质。本条第三款相应规定了法律责任。

第一百零四条　【同一作业区域安全管理违法责任】

第一百零四条　两个以上生产经营单位在同一作业区域内进行可能危及对方安全生产的生产经营活动，未签订安全生产管理协议或者未指定专职安全生产管理人员进行安全检查与协调的，责令限期改正，处五万元以下的罚款，对其直接负责的主管人员和其他直接责任人员处一万元以下的罚款；逾期未改正的，责令停产停业。	**第一百零一条**　两个以上生产经营单位在同一作业区域内进行可能危及对方安全生产的生产经营活动，未签订安全生产管理协议或者未指定专职安全生产管理人员进行安全检查与协调的，责令限期改正，~~可以~~处五万元以下的罚款，对其直接负责的主管人员和其他直接责任人员~~可以~~处一万元以下的罚款；逾期未改正的，责令停产停业。

本法第四十八条规定，两个以上生产经营单位在同一作业区域内进行生产经营活动，可能危及对方生产安全的，应当签订安全生产管理协议，明确各自的安全生产管理职责和应当采取的安全措施，并指定专职安全生产管理人员进行安全检查与协调。本条规定了违反以上规定的法律责任。

第一百零五条　【生产经营场所和员工宿舍违法责任】

第一百零五条　生产经营单位有下列行为之一的，责令限期改正，处五万元以下的罚款，对其直接负责的主管人员和其他直接责任人员处一万元以下的罚款；逾期未改正的，责令停产停业整顿；构成犯罪的，依照刑法有关规定追究刑事责任： （一）生产、经营、储存、使用危险物品的车间、商店、仓库与员工宿舍在同一座建筑内，或者	**第一百零二条**　生产经营单位有下列行为之一的，责令限期改正，~~可以~~处五万元以下的罚款，对其直接负责的主管人员和其他直接责任人员~~可以~~处一万元以下的罚款；逾期未改正的，责令停产停业整顿；构成犯罪的，依照刑法有关规定追究刑事责任： （一）生产、经营、储存、使用危险物品的车间、商店、仓库与员工宿舍在同一座建筑内，或者

与员工宿舍的距离不符合安全要求的； （二）生产经营场所和员工宿舍未设有符合紧急疏散需要、标志明显、保持畅通的出口、**疏散通道**，或者**占用**、锁闭、封堵生产经营场所或者员工宿舍出口、**疏散通道**的。	与员工宿舍的距离不符合安全要求的； （二）生产经营场所和员工宿舍未设有符合紧急疏散需要、标志明显、保持畅通的出口，或者锁闭、封堵生产经营场所或者员工宿舍出口的。

本法第四十二条规定，生产、经营、储存、使用危险物品的车间、商店、仓库不得与员工宿舍在同一座建筑物内，并应当与员工宿舍保持安全距离。生产经营场所和员工宿舍应当设有符合紧急疏散要求、标志明显、保持畅通的出口、疏散通道。禁止占用、锁闭、封堵生产经营场所或者员工宿舍的出口、疏散通道。本条规定了违反以上规定的法律责任。

第一百零六条　【免责协议违法责任】

第一百零六条　生产经营单位与从业人员订立协议，免除或者减轻其对从业人员因生产安全事故伤亡依法应承担的责任的，该协议无效；对生产经营单位的主要负责人、个人经营的投资人处二万元以上十万元以下的罚款。	**第一百零三条**　生产经营单位与从业人员订立协议，免除或者减轻其对从业人员因生产安全事故伤亡依法应承担的责任的，该协议无效；对生产经营单位的主要负责人、个人经营的投资人处二万元以上十万元以下的罚款。

本条对生产经营单位与从业人员订立协议的效力作了规定。如果协议内容免除或者减轻其对从业人员因生产安全事故伤亡依法应承担的责任，属于利用强势地位免除自身法定责任的情形，该协议无效；同时，对生产经营单位的主要负责人、个人经营的投资人处以罚款。

第一百零七条 【从业人员违章操作的法律责任】

第一百零七条 生产经营单位的从业人员**不落实岗位安全责任**，不服从管理，违反安全生产规章制度或者操作规程的，由生产经营单位给予批评教育，依照有关规章制度给予处分；构成犯罪的，依照刑法有关规定追究刑事责任。	**第一百零四条** 生产经营单位的从业人员不服从管理，违反安全生产规章制度或者操作规程的，由生产经营单位给予批评教育，依照有关规章制度给予处分；构成犯罪的，依照刑法有关规定追究刑事责任。

本法第五十七条规定了从业人员在作业过程中，应当严格落实岗位安全责任，遵守本单位的安全生产规章制度和操作规程，服从管理等安全生产义务。本条规定了生产经营单位从业人员违反以上规定的法律责任，赋予生产经营单位对从业人员的处罚权。从业人员违反以上义务，构成犯罪的，将被追究刑事责任。

第一百零八条 【生产经营单位不服从监督检查违法责任】

第一百零八条 违反本法规定，生产经营单位拒绝、阻碍负有安全生产监督管理职责的部门依法实施监督检查的，责令改正；拒不改正的，处二万元以上二十万元以下的罚款；对其直接负责的主管人员和其他直接责任人员处一万元以上二万元以下的罚款；构成犯罪的，依照刑法有关规定追究刑事责任。	**第一百零五条** 违反本法规定，生产经营单位拒绝、阻碍负有安全生产监督管理职责的部门依法实施监督检查的，责令改正；拒不改正的，处二万元以上二十万元以下的罚款；对其直接负责的主管人员和其他直接责任人员处一万元以上二万元以下的罚款；构成犯罪的，依照刑法有关规定追究刑事责任。

本法第六十六条规定了生产经营单位对执法检查的配合义务，不得拒绝、阻挠监督检查。生产经营单位拒绝、阻碍负有安全生产监督管理职责的部门依法实施监督检查的，首先责令改正；拒不改正的，

对单位、直接负责的主管人员和其他直接责任人员处以罚款；构成犯罪的，追究刑事责任，刑法规定了妨碍公务罪等。

第一百零九条　【未投保安全生产责任保险的违法责任】

第一百零九条　高危行业、领域的生产经营单位未按照国家规定投保安全生产责任保险的，责令限期改正，处五万元以上十万元以下的罚款；逾期未改正的，处十万元以上二十万元以下的罚款。	

本法第五十一条第二款中规定，属于国家规定的高危行业、领域的生产经营单位，应当投保安全生产责任保险。本条规定了违反以上规定的法律责任，保障安全生产责任保险制度的推广实施。

第一百一十条　【单位主要负责人事故处理违法责任】

第一百一十条　生产经营单位的主要负责人在本单位发生生产安全事故时，不立即组织抢救或者在事故调查处理期间擅离职守或者逃匿的，给予降级、撤职的处分，并由**应急**管理部门处上一年年收入百分之六十至百分之一百的罚款；对逃匿的处十五日以下拘留；构成犯罪的，依照刑法有关规定追究刑事责任。 生产经营单位的主要负责人对生产安全事故隐瞒不报、谎报或者迟报的，依照前款规定处罚。	**第一百零六条**　生产经营单位的主要负责人在本单位发生生产安全事故时，不立即组织抢救或者在事故调查处理期间擅离职守或者逃匿的，给予降级、撤职的处分，并由~~安全生产监督~~管理部门处上一年年收入百分之六十至百分之一百的罚款；对逃匿的处十五日以下拘留；构成犯罪的，依照刑法有关规定追究刑事责任。 生产经营单位的主要负责人对生产安全事故隐瞒不报、谎报或者迟报的，依照前款规定处罚。

1. 本法第五十条规定，生产经营单位发生生产安全事故时，单位的主要负责人应当立即组织抢救，并不得在事故调查处理期间擅离职守。本条第一款规定了相应的法律责任。

2. 本法第八十三条第二款中规定，单位负责人不得隐瞒不报、谎报或者迟报。本条第二款规定了相应的法律责任。

第一百一十一条 【政府部门未按规定报告事故违法责任】

第一百一十一条 有关地方人民政府、负有安全生产监督管理职责的部门，对生产安全事故隐瞒不报、谎报或者迟报的，对直接负责的主管人员和其他直接责任人员依法给予处分；构成犯罪的，依照刑法有关规定追究刑事责任。	**第一百零七条** 有关地方人民政府、负有安全生产监督管理职责的部门，对生产安全事故隐瞒不报、谎报或者迟报的，对直接负责的主管人员和其他直接责任人员依法给予处分；构成犯罪的，依照刑法有关规定追究刑事责任。
本法第八十四条规定，负有安全生产监督管理职责的部门接到事故报告后，应当立即按照国家有关规定上报事故情况。负有安全生产监督管理职责的部门和有关地方人民政府对事故情况不得隐瞒不报、谎报或者迟报。本条规定了相应的法律责任。	

第一百一十二条 【按日连续处罚】

第一百一十二条 生产经营单位违反本法规定，被责令改正且受到罚款处罚，拒不改正的，负有安全生产监督管理职责的部门可以自作出责令改正之日的次日起，按照原处罚数额按日连续处罚。	

针对“屡禁不止、屡罚不改”的现象，本次安全生产法修改增加规定了按日连续处罚制度。适用该制度需符合法定条件，即（1）违反本法规定；（2）被责令改正且受到罚款处罚；（3）拒不改正。连续处罚的起算日期是自作出责令改正之日的次日。

第一百一十三条 【生产经营单位安全管理违法责任（四）】

第一百一十三条 生产经营单位**存在下列情形之一的，负有安全生产监督管理职责的部门应当提请地方人民政府**予以关闭，有关部门应当依法吊销其有关证照。**生产经营单位主要负责人五年内不得担任任何生产经营单位的主要负责人；情节严重的，终身不得担任本行业生产经营单位的主要负责人：** **（一）存在重大事故隐患，一百八十日内三次或者一年内四次受到本法规定的行政处罚的；** **（二）**经停产停业整顿，仍不**具备法律、行政法规和国家标准或者行业标准规定的**安全生产条件的； **（三）**不具备法律、行政法规和国家标准或者行业标准规定的安全生产条件，**导致发生重大、特别重大生产安全事故的；** **（四）拒不执行负有安全生产监督管理职责的部门作出的停产停业整顿决定的。**	**第一百零八条** 生产经营单位不具备~~本法和其他有关~~法律、行政法规和国家标准或者行业标准规定的安全生产条件，经停产停业整顿仍不具备安全生产条件的，予以关闭~~；~~有关部门应当依法吊销其有关证照。

本次安全生产法修改，加大了关闭处罚力度，并且加大对生产经营单位主要负责人的职业禁入和行业禁止实施力度，有效解决"屡禁不止、屡罚不改"问题。

第一百一十四条 【对事故责任单位罚款】

第一百一十四条 发生生产安全事故，对负有责任的生产经营单位除要求其依法承担相应的赔偿等责任外，由**应急**管理部门依照下列规定处以罚款： （一）发生一般事故的，处三十万元以上**一百**万元以下的罚款； （二）发生较大事故的，处**一百**万元以上**二**百万元以下的罚款； （三）发生重大事故的，处**二**百万元以上**一千**万元以下的罚款； （四）发生特别重大事故的，处一千万元以上二千万元以下的罚款。 **发生生产安全事故，**情节特别严重**、影响特别恶劣**的，**应急管理部门可以按照前款罚款数额的二倍以上五倍以下对负有责任的生产经营单位处**以罚款。	**第一百零九条** 发生生产安全事故，对负有责任的生产经营单位除要求其依法承担相应的赔偿等责任外，由~~安全生产监督~~管理部门依照下列规定处以罚款： （一）发生一般事故的，处二十万元以上~~五十~~万元以下的罚款； （二）发生较大事故的，处~~五十~~万元以上一百万元以下的罚款； （三）发生重大事故的，处一百万元以上~~五百~~万元以下的罚款； （四）发生特别重大事故的，处~~五百~~万元以上一千万元以下的罚款~~；~~情节特别严重的，~~处~~一~~千万元以上~~二~~千万元以下的~~罚款。

生产经营单位除依法承担赔偿责任外，还需按照事故等级被处以罚款。情节特别严重、影响特别恶劣的生产安全事故，应急管理部门有权对生产经营单位处以二倍以上五倍以下的罚款。

第一百一十五条　【行政处罚决定机关】

第一百一十五条　本法规定的行政处罚，由**应急**管理部门和其他负有安全生产监督管理职责的部门按照职责分工决定；**其中，根据本法第九十五条、第一百一十条、第一百一十四条的规定应当给予民航、铁路、电力行业的生产经营单位及其主要负责人行政处罚的，也可以由主管的负有安全生产监督管理职责的部门进行处罚**。予以关闭的行政处罚，由负有安全生产监督管理职责的部门报请县级以上人民政府按照国务院规定的权限决定；给予拘留的行政处罚，由公安机关依照治安管理处罚的规定决定。	**第一百一十条**　本法规定的行政处罚，由~~安全生产监督~~管理部门和其他负有安全生产监督管理职责的部门按照职责分工决定。予以关闭的行政处罚由负有安全生产监督管理职责的部门报请县级以上人民政府按照国务院规定的权限决定；给予拘留的行政处罚由公安机关依照治安管理处罚法的规定决定。

1. 本条规定了行政处罚决定的作出主体。即由应急管理部门和其他负有安全生产监督管理职责的部门按照职责分工决定；给予民航、铁路、电力行业的生产经营单位及其主要负责人行政处罚的，也可以由主管的负有安全生产监督管理职责的部门进行处罚。

2. 关于关闭的行政处罚。由负有安全生产监督管理职责的部门报请县级以上人民政府按照国务院规定的权限决定。

3. 关于拘留的行政处罚。由公安机关依照治安管理处罚的规定决定。

第一百一十六条　【生产经营单位赔偿责任】

第一百一十六条　生产经营单位发生生产安全事故造成人员伤亡、他人财产损失的，应当依法	**第一百一十一条**　生产经营单位发生生产安全事故造成人员伤亡、他人财产损失的，应当依法

承担赔偿责任；拒不承担或者其负责人逃匿的，由人民法院依法强制执行。 　　生产安全事故的责任人未依法承担赔偿责任，经人民法院依法采取执行措施后，仍不能对受害人给予足额赔偿的，应当继续履行赔偿义务；受害人发现责任人有其他财产的，可以随时请求人民法院执行。	承担赔偿责任；拒不承担或者其负责人逃匿的，由人民法院依法强制执行。 　　生产安全事故的责任人未依法承担赔偿责任，经人民法院依法采取执行措施后，仍不能对受害人给予足额赔偿的，应当继续履行赔偿义务；受害人发现责任人有其他财产的，可以随时请求人民法院执行。

本条规定了生产经营单位的赔偿责任。生产经营单位拒不承担责任的，由人民法院强制执行。

第七章　附　　则

第一百一十七条　【用语解释】

<table>
<tr><td>第一百一十七条　本法下列用语的含义：
危险物品，是指易燃易爆物品、危险化学品、放射性物品等能够危及人身安全和财产安全的物品。
重大危险源，是指长期地或者临时地生产、搬运、使用或者储存危险物品，且危险物品的数量等于或者超过临界量的单元（包括场所和设施）。</td><td>第一百一十二条　本法下列用语的含义：
危险物品，是指易燃易爆物品、危险化学品、放射性物品等能够危及人身安全和财产安全的物品。
重大危险源，是指长期地或者临时地生产、搬运、使用或者储存危险物品，且危险物品的数量等于或者超过临界量的单元（包括场所和设施）。</td></tr>
<tr><td colspan="2">本条对危险物品、重大危险源的含义作了解释，明确了以上法律用语的内容。</td></tr>
</table>

第一百一十八条　【事故、隐患分类判定标准的制定】

<table>
<tr><td>第一百一十八条　本法规定的生产安全一般事故、较大事故、重大事故、特别重大事故的划分标准由国务院规定。
国务院应急管理部门和其他负有安全生产监督管理职责的部门应当根据各自的职责分工，制定相关行业、领域重大危险源的辨识标准和重大事故隐患的判定标准。</td><td>第一百一十三条　本法规定的生产安全一般事故、较大事故、重大事故、特别重大事故的划分标准由国务院规定。
国务院<s>安全生产监督</s>管理部门和其他负有安全生产监督管理职责的部门应当根据各自的职责分工，制定相关行业、领域重大事故隐患的判定标准。</td></tr>
</table>

1. 关于事故等级。《生产安全事故报告和调查处理条例》对事故等级分类作了较为详细的规定。

2. 关于重大危险源的辨识标准和重大事故隐患的判定标准。以上判断标准的确定，需要国务院应急管理部门和其他负有安全生产监督管理职责的部门根据各自的职责分工，制定相关行业、领域的判断标准，确保标准的科学性、专业性。

第一百一十九条　【生效日期】

第一百一十九条　本法自2002年11月1日起施行。	**第一百一十四条**　本法自2002年11月1日起施行。

本条规定了安全生产法的实施日期。安全生产法历经三次修改，修改时间分别为2009年、2014年和2021年。本法修改决定的施行日期与本法的实施日期不同。

全国人民代表大会常务委员会关于修改《中华人民共和国安全生产法》的决定

（2021年6月10日第十三届全国人民代表大会常务委员会第二十九次会议通过）

第十三届全国人民代表大会常务委员会第二十九次会议决定对《中华人民共和国安全生产法》作如下修改：

一、将第三条修改为："安全生产工作坚持中国共产党的领导。

"安全生产工作应当以人为本，坚持人民至上、生命至上，把保护人民生命安全摆在首位，树牢安全发展理念，坚持安全第一、预防为主、综合治理的方针，从源头上防范化解重大安全风险。

"安全生产工作实行管行业必须管安全、管业务必须管安全、管生产经营必须管安全，强化和落实生产经营单位主体责任与政府监管责任，建立生产经营单位负责、职工参与、政府监管、行业自律和社会监督的机制。"

二、将第四条修改为："生产经营单位必须遵守本法和其他有关安全生产的法律、法规，加强安全生产管理，建立健全全员安全生产责任制和安全生产规章制度，加大对安全生产资金、物资、技术、人员的投入保障力度，改善安全生产条件，加强安全生产标准化、信息化建设，构建安全风险分级管控和隐患排查治理双重预防机制，健全风险防范化解机制，提高安全生产水平，确保安全生产。

"平台经济等新兴行业、领域的生产经营单位应当根据本行业、领域的特点，建立健全并落实全员安全生产责任制，加强从业人员安全生产教育和培训，履行本法和其他法律、法规规定的有关安全生产义务。”

三、将第五条修改为：“生产经营单位的主要负责人是本单位安全生产第一责任人，对本单位的安全生产工作全面负责。其他负责人对职责范围内的安全生产工作负责。”

四、将第八条改为两条，作为第八条、第九条，修改为：“第八条　国务院和县级以上地方各级人民政府应当根据国民经济和社会发展规划制定安全生产规划，并组织实施。安全生产规划应当与国土空间规划等相关规划相衔接。

“各级人民政府应当加强安全生产基础设施建设和安全生产监管能力建设，所需经费列入本级预算。

“县级以上地方各级人民政府应当组织有关部门建立完善安全风险评估与论证机制，按照安全风险管控要求，进行产业规划和空间布局，并对位置相邻、行业相近、业态相似的生产经营单位实施重大安全风险联防联控。”

“第九条　国务院和县级以上地方各级人民政府应当加强对安全生产工作的领导，建立健全安全生产工作协调机制，支持、督促各有关部门依法履行安全生产监督管理职责，及时协调、解决安全生产监督管理中存在的重大问题。

“乡镇人民政府和街道办事处，以及开发区、工业园区、港区、风景区等应当明确负责安全生产监督管理的有关工作机构及其职责，加强安全生产监管力量建设，按照职责对本行政区域或者管理区域内生产经营单位安全生产状况进行监督检查，协助人民政府有关部门或者按照授权依法履行安全生产监督管理职责。”

五、将第九条改为第十条，修改为：“国务院应急管理部门依照本法，对全国安全生产工作实施综合监督管理；县级以上地方各级人民政府应急管理部门依照本法，对本行政区域内安全生产工作实施综合监督管理。

“国务院交通运输、住房和城乡建设、水利、民航等有关部门依照本法和其他有关法律、行政法规的规定，在各自的职责范围内对有关行业、领域的安全生产工作实施监督管理；县级以上地方各级人民政府有关部门依照本法和其他有关法律、法规的规定，在各自的职责范围内对有关行业、领域的安全生产工作实施监督管理。对新兴行业、领域的安全生产监督管理职责不明确的，由县级以上地方各级人民政府按照业务相近的原则确定监督管理部门。

“应急管理部门和对有关行业、领域的安全生产工作实施监督管理的部门，统称负有安全生产监督管理职责的部门。负有安全生产监督管理职责的部门应当相互配合、齐抓共管、信息共享、资源共用，依法加强安全生产监督管理工作。”

六、增加一条，作为第十二条：“国务院有关部门按照职责分工负责安全生产强制性国家标准的项目提出、组织起草、征求意见、技术审查。国务院应急管理部门统筹提出安全生产强制性国家标准的立项计划。国务院标准化行政主管部门负责安全生产强制性国家标准的立项、编号、对外通报和授权批准发布工作。国务院标准化行政主管部门、有关部门依据法定职责对安全生产强制性国家标准的实施进行监督检查。”

七、增加一条，作为第十七条：“县级以上各级人民政府应当组织负有安全生产监督管理职责的部门依法编制安全生产权力和责任清单，公开并接受社会监督。”

八、将第十八条改为第二十一条，修改为：“生产经营单位的主要负责人对本单位安全生产工作负有下列职责：

“（一）建立健全并落实本单位全员安全生产责任制，加强安全生产标准化建设；

“（二）组织制定并实施本单位安全生产规章制度和操作规程；

“（三）组织制定并实施本单位安全生产教育和培训计划；

“（四）保证本单位安全生产投入的有效实施；

“（五）组织建立并落实安全风险分级管控和隐患排查治理双重预防工作机制，督促、检查本单位的安全生产工作，及时消除生产安全事故隐患；

“（六）组织制定并实施本单位的生产安全事故应急救援预案；

“（七）及时、如实报告生产安全事故。”

九、将第二十二条改为第二十五条，修改为：“生产经营单位的安全生产管理机构以及安全生产管理人员履行下列职责：

“（一）组织或者参与拟订本单位安全生产规章制度、操作规程和生产安全事故应急救援预案；

“（二）组织或者参与本单位安全生产教育和培训，如实记录安全生产教育和培训情况；

“（三）组织开展危险源辨识和评估，督促落实本单位重大危险源的安全管理措施；

“（四）组织或者参与本单位应急救援演练；

“（五）检查本单位的安全生产状况，及时排查生产安全事故隐患，提出改进安全生产管理的建议；

“（六）制止和纠正违章指挥、强令冒险作业、违反操作规程的行为；

“（七）督促落实本单位安全生产整改措施。

“生产经营单位可以设置专职安全生产分管负责人，协助本单位主要负责人履行安全生产管理职责。”

十、将第三十三条改为第三十六条，增加两款，作为第三款、第四款：“生产经营单位不得关闭、破坏直接关系生产安全的监控、报警、防护、救生设备、设施，或者篡改、隐瞒、销毁其相关数据、信息。

“餐饮等行业的生产经营单位使用燃气的，应当安装可燃气体报警装置，并保障其正常使用。”

十一、将第三十七条改为第四十条，第二款修改为：“生产经营单位应当按照国家有关规定将本单位重大危险源及有关安全措施、应急措施报有关地方人民政府应急管理部门和有关部门备案。有关地方人民政府应急管理部门和有关部门应当通过相关信息系统实现信息共享。”

十二、将第三十八条改为第四十一条，修改为：“生产经营单位应当建立安全风险分级管控制度，按照安全风险分级采取相应的管控措施。

“生产经营单位应当建立健全并落实生产安全事故隐患排查治理制度，采取技术、管理措施，及时发现并消除事故隐患。事故隐患排查治理情况应当如实记录，并通过职工大会或者职工代表大会、信息公示栏等方式向从业人员通报。其中，重大事故隐患排查治理情况应当及时向负有安全生产监督管理职责的部门和职工大会或者职工代表大会报告。

“县级以上地方各级人民政府负有安全生产监督管理职责的部门应当将重大事故隐患纳入相关信息系统，建立健全重大事故隐患治理督办制度，督促生产经营单位消除重大事故隐患。”

十三、将第四十一条改为第四十四条，增加一款，作为第二款：“生产经营单位应当关注从业人员的身体、心理状况和行为习惯，加强对从业人员的心理疏导、精神慰藉，严格落实岗位安全生产责任，防范从业人员行为异常导致事故发生。”

十四、将第四十六条改为第四十九条，增加一款，作为第三款：“矿山、金属冶炼建设项目和用于生产、储存、装卸危险物品的建设项目的施工单位应当加强对施工项目的安全管理，不得倒卖、出租、出借、挂靠或者以其他形式非法转让施工资质，不得将其承包的全部建设工程转包给第三人或者将其承包的全部建设工程支解以后以分包的名义分别转包给第三人，不得将工程分包给不具备相应资质条件的单位。”

十五、将第四十八条改为第五十一条，第二款修改为：“国家鼓励生产经营单位投保安全生产责任保险；属于国家规定的高危行业、领域的生产经营单位，应当投保安全生产责任保险。具体范围和实施办法由国务院应急管理部门会同国务院财政部门、国务院保险监督管理机构和相关行业主管部门制定。”

十六、将第五十三条改为第五十六条，修改为：“生产经营单位发生生产安全事故后，应当及时采取措施救治有关人员。

“因生产安全事故受到损害的从业人员，除依法享有工伤保险外，依照有关民事法律尚有获得赔偿的权利的，有权提出赔偿要求。”

十七、将第五十四条改为第五十七条，修改为：“从业人员在作业过程中，应当严格落实岗位安全责任，遵守本单位的安全生产规章制度和操作规程，服从管理，正确佩戴和使用劳动防护用品。”

十八、将第六十九条改为第七十二条，修改为：“承担安全评价、认证、检测、检验职责的机构应当具备国家规定的资质条件，并对其作出的安全评价、认证、检测、检验结果的合法性、真实性负责。资质条件由国务院应急管理部门会同国务院有关部门制定。

“承担安全评价、认证、检测、检验职责的机构应当建立并实施服务公开和报告公开制度，不得租借资质、挂靠、出具虚假报告。”

十九、将第七十条改为第七十三条，修改为：“负有安全生产监督管理职责的部门应当建立举报制度，公开举报电话、信箱或者电子邮件地址等网络举报平台，受理有关安全生产的举报；受理的举报事项经调查核实后，应当形成书面材料；需要落实整改措施的，报经有关负责人签字并督促落实。对不属于本部门职责，需要由其他有关部门进行调查处理的，转交其他有关部门处理。

“涉及人员死亡的举报事项，应当由县级以上人民政府组织核查处理。”

二十、将第七十一条改为第七十四条，增加一款，作为第二款：“因安全生产违法行为造成重大事故隐患或者导致重大事故，致使国家利益或者社会公共利益受到侵害的，人民检察院可以根据民事诉讼法、行政诉讼法的相关规定提起公益诉讼。”

二十一、将第七十五条改为第七十八条，修改为：“负有安全生产监督管理职责的部门应当建立安全生产违法行为信息库，如实记录生产经营单位及其有关从业人员的安全生产违法行为信息；对违法行为情节严重的生产经营单位及其有关从业人员，应当及时向社会公告，并通报行业主管部门、投资主管部门、自然资源主管部门、生态环境主管部门、证券监督管理机构以及有关金融机构。有关部门和机构应当对存在失信行为的生产经营单位及其有关从业人员采取加大执法检查频次、暂停项目审批、上调有关保险费率、行业或者职业禁入等联合惩戒措施，并向社会公示。

“负有安全生产监督管理职责的部门应当加强对生产经营单位行政处罚信息的及时归集、共享、应用和公开，对生产经营单位作出处罚决定后七个工作日内在监督管理部门公示系统予以公开曝光，强化对违法失信生产经营单位及其有关从业人员的社会监督，提高全社会安全生产诚信水平。”

二十二、将第七十六条改为第七十九条，修改为：“国家加强生产安全事故应急能力建设，在重点行业、领域建立应急救援基地和应急救援队伍，并由国家安全生产应急救援机构统一协调指挥；鼓励生产经营单位和其他社会力量建立应急救援队伍，配备相应的应急救援装备和物资，提高应急救援的专业化水平。

“国务院应急管理部门牵头建立全国统一的生产安全事故应急救援信息系统，国务院交通运输、住房和城乡建设、水利、民航等有关部门和县级以上地方人民政府建立健全相关行业、领域、地区的生产安全事故应急救援信息系统，实现互联互通、信息共享，通过推行网上安全信息采集、安全监管和监测预警，提升监管的精准化、智能化水平。”

二十三、将第七十七条改为第八十条，增加一款，作为第二款：“乡镇人民政府和街道办事处，以及开发区、工业园区、港区、风景区等应当制定相应的生产安全事故应急救援预案，协助人民政府有关部门或者按照授权依法履行生产安全事故应急救援工作职责。”

二十四、将第八十三条改为第八十六条，第一款修改为：“事故调查处理应当按照科学严谨、依法依规、实事求是、注重实效的原则，及时、准确地查清事故原因，查明事故性质和责任，评估应急处置工作，总结事故教训，提出整改措施，并对事故责任单位和人员提出处理建议。事故调查报告应当依法及时向社会公布。事故调查和处理的具体办法由国务院制定。”

增加一款，作为第三款：“负责事故调查处理的国务院有关部门和地方人民政府应当在批复事故调查报告后一年内，组织有关部门对事故整改和防范措施落实情况进行评估，并及时向社会公开评估结果；对不履行职责导致事故整改和防范措施没有落实的有关单位和人员，应当按照有关规定追究责任。”

二十五、将第八十九条改为第九十二条，修改为：“承担安全评价、认证、检测、检验职责的机构出具失实报告的，责令停业整顿，并处三万元以上十万元以下的罚款；给他人造成损害的，依法承担赔偿责任。

“承担安全评价、认证、检测、检验职责的机构租借资质、挂靠、出具虚假报告的，没收违法所得；违法所得在十万元以上的，并处违法所得二倍以上五倍以下的罚款，没有违法所得或者违法所得不足十万元的，单处或者并处十万元以上二十万元以下的罚款；对其直接负责的主管人员和其他直接责任人员处五万元以上十万元以下的罚款；给他人造成损害的，与生产经营单位承担连带赔偿责任；构成犯罪的，依照刑法有关规定追究刑事责任。

“对有前款违法行为的机构及其直接责任人员，吊销其相应资质和资格，五年内不得从事安全评价、认证、检测、检验等工作；情节严重的，实行终身行业和职业禁入。”

二十六、将第九十一条改为第九十四条，第一款修改为：“生产经营单位的主要负责人未履行本法规定的安全生产管理职责的，责令限期改正，处二万元以上五万元以下的罚款；逾期未改正的，处五万元以上十万元以下的罚款，责令生产经营单位停产停业整顿。”

二十七、将第九十二条改为第九十五条，修改为：“生产经营单位的主要负责人未履行本法规定的安全生产管理职责，导致发生生产安全事故的，由应急管理部门依照下列规定处以罚款：

“（一）发生一般事故的，处上一年年收入百分之四十的罚款；

“（二）发生较大事故的，处上一年年收入百分之六十的罚款；

“（三）发生重大事故的，处上一年年收入百分之八十的罚款；

“（四）发生特别重大事故的，处上一年年收入百分之一百的罚款。”

二十八、将第九十三条改为第九十六条，修改为：“生产经营单位的其他负责人和安全生产管理人员未履行本法规定的安全生产管理职责的，责令限期改正，处一万元以上三万元以下的罚款；导致发生生产安全事故的，暂停或者吊销其与安全生产有关的资格，并处上一年年收入百分之二十以上百分之五十以下的罚款；构成犯罪的，依照刑法有关规定追究刑事责任。”

二十九、将第九十四条改为第九十七条，修改为：“生产经营单位有下列行为之一的，责令限期改正，处十万元以下的罚款；逾期未改正的，责令停产停业整顿，并处十万元以上二十万元以下的罚款，对其直接负责的主管人员和其他直接责任人员处二万元以上五万元以下的罚款：

“（一）未按照规定设置安全生产管理机构或者配备安全生产管理人员、注册安全工程师的；

“（二）危险物品的生产、经营、储存、装卸单位以及矿山、金属冶炼、建筑施工、运输单位的主要负责人和安全生产管理人员未按照规定经考核合格的；

“（三）未按照规定对从业人员、被派遣劳动者、实习学生进行安全生产教育和培训，或者未按照规定如实告知有关的安全生产事项的；

“（四）未如实记录安全生产教育和培训情况的；

“（五）未将事故隐患排查治理情况如实记录或者未向从业人员通报的；

“（六）未按照规定制定生产安全事故应急救援预案或者未定期组织演练的；

“（七）特种作业人员未按照规定经专门的安全作业培训并取得相应资格，上岗作业的。”

三十、将第九十五条改为第九十八条，修改为：“生产经营单位有下列行为之一的，责令停止建设或者停产停业整顿，限期改正，并处十万元以上五十万元以下的罚款，对其直接负责的主管人员和其他直接责任人员处二万元以上五万元以下的罚款；逾期未改正的，处五十万元以上一百万元以下的罚款，对其直接负责的主管人员和其他直接责任人员处五万元以上十万元以下的罚款；构成犯罪的，依照刑法有关规定追究刑事责任：

“（一）未按照规定对矿山、金属冶炼建设项目或者用于生产、储存、装卸危险物品的建设项目进行安全评价的；

“（二）矿山、金属冶炼建设项目或者用于生产、储存、装卸危险物品的建设项目没有安全设施设计或者安全设施设计未按照规定报经有关部门审查同意的；

“（三）矿山、金属冶炼建设项目或者用于生产、储存、装卸危险物品的建设项目的施工单位未按照批准的安全设施设计施工的；

“（四）矿山、金属冶炼建设项目或者用于生产、储存、装卸危险物品的建设项目竣工投入生产或者使用前，安全设施未经验收合格的。”

三十一、将第九十六条改为第九十九条，增加两项，作为第四项、第八项：“（四）关闭、破坏直接关系生产安全的监控、报警、防护、救生设备、设施，或者篡改、隐瞒、销毁其相关数据、信息的；

“（八）餐饮等行业的生产经营单位使用燃气未安装可燃气体报警装置的。”

三十二、将第九十八条改为第一百零一条，修改为：“生产经营单位有下列行为之一的，责令限期改正，处十万元以下的罚款；逾期未改正的，责令停产停业整顿，并处十万元以上二十万元以下的罚款，对其直接负责的主管人员和其他直接责任人员处二万元以上五万元以下的罚款；构成犯罪的，依照刑法有关规定追究刑事责任：

“（一）生产、经营、运输、储存、使用危险物品或者处置废弃危险物品，未建立专门安全管理制度、未采取可靠的安全措施的；

“（二）对重大危险源未登记建档，未进行定期检测、评估、监控，未制定应急预案，或者未告知应急措施的；

“（三）进行爆破、吊装、动火、临时用电以及国务院应急管理部门会同国务院有关部门规定的其他危险作业，未安排专门人员进行现场安全管理的；

“（四）未建立安全风险分级管控制度或者未按照安全风险分级采取相应管控措施的；

“（五）未建立事故隐患排查治理制度，或者重大事故隐患排查治理情况未按照规定报告的。”

三十三、将第九十九条改为第一百零二条，修改为：“生产经营单位未采取措施消除事故隐患的，责令立即消除或者限期消除，处五万元以下的罚款；生产经营单位拒不执行的，责令停产停业整顿，对其直接负责的主管人员和其他直接责任人员处五万元以上十万元以下的罚款；构成犯罪的，依照刑法有关规定追究刑事责任。”

三十四、将第一百条改为第一百零三条，增加一款，作为第三款：“矿山、金属冶炼建设项目和用于生产、储存、装卸危险物品的建设项目的施工单位未按照规定对施工项目进行安全管理的，责令限期改正，处十万元以下的罚款，对其直接负责的主管人员和其他直接责任人员处二万元以下的罚款；逾期未改正的，责令停产停业整顿。以上施工单位倒卖、出租、出借、挂靠或者以其他形式非法转让施工资质的，责令停产停业整顿，吊销资质证书，没收违法所得；违法所得十万元以上的，并处违法所得二倍以上五倍以下的罚款，没有违法所得或者违法所得不足十万元的，单处或者并处十万元以上二十万元以下的罚款；对其直接负责的主管人员和其他直接责任人员处五万元以上十万元以下的罚款；构成犯罪的，依照刑法有关规定追究刑事责任。”

三十五、将第一百零四条改为第一百零七条，修改为：“生产经营单位的从业人员不落实岗位安全责任，不服从管理，违反安全生产规章制度或者操作规程的，由生产经营单位给予批评教育，依照有关规章制度给予处分；构成犯罪的，依照刑法有关规定追究刑事责任。”

三十六、增加一条，作为第一百零九条：“高危行业、领域的生产经营单位未按照国家规定投保安全生产责任保险的，责令限期改正，处五万元以上十万元以下的罚款；逾期未改正的，处十万元以上二十万元以下的罚款。”

三十七、增加一条，作为第一百一十二条：“生产经营单位违反本法规定，被责令改正且受到罚款处罚，拒不改正的，负有安全生产监督管理职责的部门可以自作出责令改正之日的次日起，按照原处罚数额按日连续处罚。”

三十八、将第一百零八条改为第一百一十三条，修改为：“生产经营单位存在下列情形之一的，负有安全生产监督管理职责的部门应当提请地方人民政府予以关闭，有关部门应当依法吊销其有关证照。生产经营单位主要负责人五年内不得担任任何生产经营单位的主要负责人；情节严重的，终身不得担任本行业生产经营单位的主要负责人：

“（一）存在重大事故隐患，一百八十日内三次或者一年内四次受到本法规定的行政处罚的；

“（二）经停产停业整顿，仍不具备法律、行政法规和国家标准或者行业标准规定的安全生产条件的；

“（三）不具备法律、行政法规和国家标准或者行业标准规定的安全生产条件，导致发生重大、特别重大生产安全事故的；

“（四）拒不执行负有安全生产监督管理职责的部门作出的停产停业整顿决定的。”

三十九、将第一百零九条改为第一百一十四条，修改为：“发生生产安全事故，对负有责任的生产经营单位除要求其依法承担相应的赔偿等责任外，由应急管理部门依照下列规定处以罚款：

“（一）发生一般事故的，处三十万元以上一百万元以下的罚款；

“（二）发生较大事故的，处一百万元以上二百万元以下的罚款；

“（三）发生重大事故的，处二百万元以上一千万元以下的罚款；

“（四）发生特别重大事故的，处一千万元以上二千万元以下的罚款。

“发生生产安全事故，情节特别严重、影响特别恶劣的，应急管理部门可以按照前款罚款数额的二倍以上五倍以下对负有责任的生产经营单位处以罚款。”

四十、将第一百一十条改为第一百一十五条，修改为：“本法规定的行政处罚，由应急管理部门和其他负有安全生产监督管理职责的部门按照职责分工决定；其中，根据本法第九十五条、第一百一十条、第一百一十四条的规定应当给予民航、铁路、电力行业的生产经营单位及其主要负责人行政处罚的，也可以由主管的负有安全生产监督管理职责的部门进行处罚。予以关闭的行政处罚，由负有安全生产监督管理职责的部门报请县级以上人民政府按照国务院规定的权限决定；给予拘留的行政处罚，由公安机关依照治安管理处罚的规定决定。”

四十一、将第一百一十三条改为第一百一十八条，第二款修改为：“国务院应急管理部门和其他负有安全生产监督管理职责的部门应当根据各自的职责分工，制定相关行业、领域重大危险源的辨识标准和重大事故隐患的判定标准。”

四十二、对部分条文作以下修改：

（一）将第二十条、第二十四条、第二十七条、第三十五条、第四十条、第五十九条、第六十二条、第七十三条、第八十六条、第一百零六条中的“安全生产监督管理部门”修改为“应急管理部门”，第三十一条中的“安全生产监督管理部门”修改为“负有安全生产监督管理职责的部门”，第四十条中的“吊装”修改为“吊装、动火、临时用电”。

（二）将第十四条中的“生产安全事故责任人员”修改为“生产安全事故责任单位和责任人员”。

（三）将第十九条中的“安全生产责任制”修改为“全员安全生产责任制”。

（四）将第二十一条、第二十四条中的“道路运输单位”修改为“运输单位”，“储存”修改为“储存、装卸”；将第三十一条第二款中的“储存”修改为“储存、装卸”。

（五）将第三十九条第二款、第一百零二条第二项中的“锁闭、封堵”修改为“占用、锁闭、封堵”，“出口”修改为“出口、疏散通道”。

（六）将第六十四条中的“监督执法”修改为“行政执法”。

（七）删去第六十八条中的“行政”。

（八）将第八十四条中的“第八十七条”修改为“第九十条”。

（九）删去第九十六条、第一百条、第一百零一条、第一百零二条中的“可以”。

本决定自2021年9月1日起施行。

《中华人民共和国安全生产法》根据本决定作相应修改并对条文顺序作相应调整，重新公布。

中华人民共和国安全生产法

（2002年6月29日第九届全国人民代表大会常务委员会第二十八次会议通过　根据2009年8月27日第十一届全国人民代表大会常务委员会第十次会议《关于修改部分法律的决定》第一次修正　根据2014年8月31日第十二届全国人民代表大会常务委员会第十次会议《关于修改〈中华人民共和国安全生产法〉的决定》第二次修正　根据2021年6月10日第十三届全国人民代表大会常务委员会第二十九次会议《关于修改〈中华人民共和国安全生产法〉的决定》第三次修正）

目　　录

第一章　总　　则

第一条　为了加强安全生产工作，防止和减少生产安全事故，保障人民群众生命和财产安全，促进经济社会持续健康发展，制定本法。

第二条　在中华人民共和国领域内从事生产经营活动的单位（以下统称生产经营单位）的安全生产，适用本法；有关法律、行政法规对消防安全和道路交通安全、铁路交通安全、水上交通安全、民用航空安全以及核与辐射安全、特种设备安全另有规定的，适用其规定。

第三条　安全生产工作坚持中国共产党的领导。

安全生产工作应当以人为本，坚持人民至上、生命至上，把保护人民生命安全摆在首位，树牢安全发展理念，坚持安全第一、预防为主、综合治理的方针，从源头上防范化解重大安全风险。

安全生产工作实行管行业必须管安全、管业务必须管安全、管生产经营必须管安全，强化和落实生产经营单位主体责任与政府监管责任，建立生产经营单位负责、职工参与、政府监管、行业自律和社会监督的机制。

第四条　生产经营单位必须遵守本法和其他有关安全生产的法律、法规，加强安全生产管理，建立健全全员安全生产责任制和安全生产规章制度，加大对安全生产资金、物资、技术、人员的投入保障力度，改善安全生产条件，加强安全生产标准化、信息化建设，构建安全风险分级管控和隐患排查治理双重预防机制，健全风险防范化解机制，提高安全生产水平，确保安全生产。

平台经济等新兴行业、领域的生产经营单位应当根据本行业、领域的特点，建立健全并落实全员安全生产责任制，加强从业人员安全生产教育和培训，履行本法和其他法律、法规规定的有关安全生产义务。

第五条 生产经营单位的主要负责人是本单位安全生产第一责任人，对本单位的安全生产工作全面负责。其他负责人对职责范围内的安全生产工作负责。

第六条 生产经营单位的从业人员有依法获得安全生产保障的权利，并应当依法履行安全生产方面的义务。

第七条 工会依法对安全生产工作进行监督。

生产经营单位的工会依法组织职工参加本单位安全生产工作的民主管理和民主监督，维护职工在安全生产方面的合法权益。生产经营单位制定或者修改有关安全生产的规章制度，应当听取工会的意见。

第八条 国务院和县级以上地方各级人民政府应当根据国民经济和社会发展规划制定安全生产规划，并组织实施。安全生产规划应当与国土空间规划等相关规划相衔接。

各级人民政府应当加强安全生产基础设施建设和安全生产监管能力建设，所需经费列入本级预算。

县级以上地方各级人民政府应当组织有关部门建立完善安全风险评估与论证机制，按照安全风险管控要求，进行产业规划和空间布局，并对位置相邻、行业相近、业态相似的生产经营单位实施重大安全风险联防联控。

第九条 国务院和县级以上地方各级人民政府应当加强对安全生产工作的领导，建立健全安全生产工作协调机制，支持、督促各有关部门依法履行安全生产监督管理职责，及时协调、解决安全生产监督管理中存在的重大问题。

乡镇人民政府和街道办事处，以及开发区、工业园区、港区、风景区等应当明确负责安全生产监督管理的有关工作机构及其职责，加强安全生产监管力量建设，按照职责对本行政区域或者管理区域内生产经营单位安全生产状况进行监督检查，协助人民政府有关部门或者按照授权依法履行安全生产监督管理职责。

第十条 国务院应急管理部门依照本法，对全国安全生产工作实施综合监督管理；县级以上地方各级人民政府应急管理部门依照本法，对本行政区域内安全生产工作实施综合监督管理。

国务院交通运输、住房和城乡建设、水利、民航等有关部门依照本法和其他有关法律、行政法规的规定，在各自的职责范围内对有关行业、领域的安全生产工作实施监督管理；县级以上地方各级人民政府有关部门依照本法和其他有关法律、法规的规定，在各自的职责范围内对有关行业、领域的安全生产工作实施监督管理。对新兴行业、领域的安全生产监督管理职责不明确的，由县级以上地方各级人民政府按照业务相近的原则确定监督管理部门。

应急管理部门和对有关行业、领域的安全生产工作实施监督管理的部门，统称负有安全生产监督管理职责的部门。负有安全生产监督管理职责的部门应当相互配合、齐抓共管、信息共享、资源共用，依法加强安全生产监督管理工作。

第十一条 国务院有关部门应当按照保障安全生产的要求，依法及时制定有关的国家标准或者行业标准，并根据科技进步和经济发展适时修订。

生产经营单位必须执行依法制定的保障安全生产的国家标准或者行业标准。

第十二条 国务院有关部门按照职责分工负责安全生产强制性国家标准的项目提出、组织起草、征求意见、技术审查。国务院应急管理部门统筹提出安全生产强制性国家标准的立项计划。国务院标准化行政主管部门负责安全生产强制性国家标准的立项、编号、对外通报和授权批准发布工作。国务院标准化行政主管部门、有关部门依据法定职责对安全生产强制性国家标准的实施进行监督检查。

第十三条 各级人民政府及其有关部门应当采取多种形式，加强对有关安全生产的法律、法规和安全生产知识的宣传，增强全社会的安全生产意识。

第十四条 有关协会组织依照法律、行政法规和章程，为生产经营单位提供安全生产方面的信息、培训等服务，发挥自律作用，促进生产经营单位加强安全生产管理。

第十五条 依法设立的为安全生产提供技术、管理服务的机构，依照法律、行政法规和执业准则，接受生产经营单位的委托为其安全生产工作提供技术、管理服务。

生产经营单位委托前款规定的机构提供安全生产技术、管理服务的，保证安全生产的责任仍由本单位负责。

第十六条 国家实行生产安全事故责任追究制度，依照本法和有关法律、法规的规定，追究生产安全事故责任单位和责任人员的法律责任。

第十七条 县级以上各级人民政府应当组织负有安全生产监督管理职责的部门依法编制安全生产权力和责任清单，公开并接受社会监督。

第十八条 国家鼓励和支持安全生产科学技术研究和安全生产先进技术的推广应用，提高安全生产水平。

第十九条 国家对在改善安全生产条件、防止生产安全事故、参加抢险救护等方面取得显著成绩的单位和个人，给予奖励。

第二章　生产经营单位的安全生产保障

第二十条 生产经营单位应当具备本法和有关法律、行政法规和国家标准或者行业标准规定的安全生产条件；不具备安全生产条件的，不得从事生产经营活动。

第二十一条 生产经营单位的主要负责人对本单位安全生产工作负有下列职责：

（一）建立健全并落实本单位全员安全生产责任制，加强安全生产标准化建设；

（二）组织制定并实施本单位安全生产规章制度和操作规程；

（三）组织制定并实施本单位安全生产教育和培训计划；

（四）保证本单位安全生产投入的有效实施；

（五）组织建立并落实安全风险分级管控和隐患排查治理双重预防工作机制，督促、检查本单位的安全生产工作，及时消除生产安全事故隐患；

（六）组织制定并实施本单位的生产安全事故应急救援预案；

（七）及时、如实报告生产安全事故。

第二十二条　生产经营单位的全员安全生产责任制应当明确各岗位的责任人员、责任范围和考核标准等内容。

生产经营单位应当建立相应的机制，加强对全员安全生产责任制落实情况的监督考核，保证全员安全生产责任制的落实。

第二十三条　生产经营单位应当具备的安全生产条件所必需的资金投入，由生产经营单位的决策机构、主要负责人或者个人经营的投资人予以保证，并对由于安全生产所必需的资金投入不足导致的后果承担责任。

有关生产经营单位应当按照规定提取和使用安全生产费用，专门用于改善安全生产条件。安全生产费用在成本中据实列支。安全生产费用提取、使用和监督管理的具体办法由国务院财政部门会同国务院应急管理部门征求国务院有关部门意见后制定。

第二十四条　矿山、金属冶炼、建筑施工、运输单位和危险物品的生产、经营、储存、装卸单位，应当设置安全生产管理机构或者配备专职安全生产管理人员。

前款规定以外的其他生产经营单位，从业人员超过一百人的，应当设置安全生产管理机构或者配备专职安全生产管理人员；从业人员在一百人以下的，应当配备专职或者兼职的安全生产管理人员。

第二十五条　生产经营单位的安全生产管理机构以及安全生产

管理人员履行下列职责：

（一）组织或者参与拟订本单位安全生产规章制度、操作规程和生产安全事故应急救援预案；

（二）组织或者参与本单位安全生产教育和培训，如实记录安全生产教育和培训情况；

（三）组织开展危险源辨识和评估，督促落实本单位重大危险源的安全管理措施；

（四）组织或者参与本单位应急救援演练；

（五）检查本单位的安全生产状况，及时排查生产安全事故隐患，提出改进安全生产管理的建议；

（六）制止和纠正违章指挥、强令冒险作业、违反操作规程的行为；

（七）督促落实本单位安全生产整改措施。

生产经营单位可以设置专职安全生产分管负责人，协助本单位主要负责人履行安全生产管理职责。

第二十六条　生产经营单位的安全生产管理机构以及安全生产管理人员应当恪尽职守，依法履行职责。

生产经营单位作出涉及安全生产的经营决策，应当听取安全生产管理机构以及安全生产管理人员的意见。

生产经营单位不得因安全生产管理人员依法履行职责而降低其工资、福利等待遇或者解除与其订立的劳动合同。

危险物品的生产、储存单位以及矿山、金属冶炼单位的安全生产管理人员的任免，应当告知主管的负有安全生产监督管理职责的部门。

第二十七条　生产经营单位的主要负责人和安全生产管理人员必须具备与本单位所从事的生产经营活动相应的安全生产知识和管理能力。

危险物品的生产、经营、储存、装卸单位以及矿山、金属冶炼、建筑施工、运输单位的主要负责人和安全生产管理人员，应当由主管的负有安全生产监督管理职责的部门对其安全生产知识和管理能力考核合格。考核不得收费。

危险物品的生产、储存、装卸单位以及矿山、金属冶炼单位应当有注册安全工程师从事安全生产管理工作。鼓励其他生产经营单位聘用注册安全工程师从事安全生产管理工作。注册安全工程师按专业分类管理，具体办法由国务院人力资源和社会保障部门、国务院应急管理部门会同国务院有关部门制定。

第二十八条 生产经营单位应当对从业人员进行安全生产教育和培训，保证从业人员具备必要的安全生产知识，熟悉有关的安全生产规章制度和安全操作规程，掌握本岗位的安全操作技能，了解事故应急处理措施，知悉自身在安全生产方面的权利和义务。未经安全生产教育和培训合格的从业人员，不得上岗作业。

生产经营单位使用被派遣劳动者的，应当将被派遣劳动者纳入本单位从业人员统一管理，对被派遣劳动者进行岗位安全操作规程和安全操作技能的教育和培训。劳务派遣单位应当对被派遣劳动者进行必要的安全生产教育和培训。

生产经营单位接收中等职业学校、高等学校学生实习的，应当对实习学生进行相应的安全生产教育和培训，提供必要的劳动防护用品。学校应当协助生产经营单位对实习学生进行安全生产教育和培训。

生产经营单位应当建立安全生产教育和培训档案，如实记录安全生产教育和培训的时间、内容、参加人员以及考核结果等情况。

第二十九条 生产经营单位采用新工艺、新技术、新材料或者使用新设备，必须了解、掌握其安全技术特性，采取有效的安全防护措施，并对从业人员进行专门的安全生产教育和培训。

第三十条 生产经营单位的特种作业人员必须按照国家有关规定经专门的安全作业培训，取得相应资格，方可上岗作业。

特种作业人员的范围由国务院应急管理部门会同国务院有关部门确定。

第三十一条 生产经营单位新建、改建、扩建工程项目（以下统称建设项目）的安全设施，必须与主体工程同时设计、同时施工、同时投入生产和使用。安全设施投资应当纳入建设项目概算。

第三十二条 矿山、金属冶炼建设项目和用于生产、储存、装卸危险物品的建设项目，应当按照国家有关规定进行安全评价。

第三十三条 建设项目安全设施的设计人、设计单位应当对安全设施设计负责。

矿山、金属冶炼建设项目和用于生产、储存、装卸危险物品的建设项目的安全设施设计应当按照国家有关规定报经有关部门审查，审查部门及其负责审查的人员对审查结果负责。

第三十四条 矿山、金属冶炼建设项目和用于生产、储存、装卸危险物品的建设项目的施工单位必须按照批准的安全设施设计施工，并对安全设施的工程质量负责。

矿山、金属冶炼建设项目和用于生产、储存、装卸危险物品的建设项目竣工投入生产或者使用前，应当由建设单位负责组织对安全设施进行验收；验收合格后，方可投入生产和使用。负有安全生产监督管理职责的部门应当加强对建设单位验收活动和验收结果的监督核查。

第三十五条 生产经营单位应当在有较大危险因素的生产经营场所和有关设施、设备上，设置明显的安全警示标志。

第三十六条 安全设备的设计、制造、安装、使用、检测、维修、改造和报废，应当符合国家标准或者行业标准。

生产经营单位必须对安全设备进行经常性维护、保养，并定期检测，保证正常运转。维护、保养、检测应当作好记录，并由有关人员签字。

生产经营单位不得关闭、破坏直接关系生产安全的监控、报警、防护、救生设备、设施，或者篡改、隐瞒、销毁其相关数据、信息。

餐饮等行业的生产经营单位使用燃气的，应当安装可燃气体报警装置，并保障其正常使用。

第三十七条 生产经营单位使用的危险物品的容器、运输工具，以及涉及人身安全、危险性较大的海洋石油开采特种设备和矿山井下特种设备，必须按照国家有关规定，由专业生产单位生产，并经具有专业资质的检测、检验机构检测、检验合格，取得安全使用证或者安全标志，方可投入使用。检测、检验机构对检测、检验结果负责。

第三十八条 国家对严重危及生产安全的工艺、设备实行淘汰制度，具体目录由国务院应急管理部门会同国务院有关部门制定并公布。法律、行政法规对目录的制定另有规定的，适用其规定。

省、自治区、直辖市人民政府可以根据本地区实际情况制定并公布具体目录，对前款规定以外的危及生产安全的工艺、设备予以淘汰。

生产经营单位不得使用应当淘汰的危及生产安全的工艺、设备。

第三十九条 生产、经营、运输、储存、使用危险物品或者处置废弃危险物品的，由有关主管部门依照有关法律、法规的规定和国家标准或者行业标准审批并实施监督管理。

生产经营单位生产、经营、运输、储存、使用危险物品或者处置废弃危险物品，必须执行有关法律、法规和国家标准或者行业标准，建立专门的安全管理制度，采取可靠的安全措施，接受有关主管部门依法实施的监督管理。

第四十条 生产经营单位对重大危险源应当登记建档，进行定期检测、评估、监控，并制定应急预案，告知从业人员和相关人员在紧急情况下应当采取的应急措施。

生产经营单位应当按照国家有关规定将本单位重大危险源及有关安全措施、应急措施报有关地方人民政府应急管理部门和有关部门备案。有关地方人民政府应急管理部门和有关部门应当通过相关信息系统实现信息共享。

第四十一条 生产经营单位应当建立安全风险分级管控制度，按照安全风险分级采取相应的管控措施。

生产经营单位应当建立健全并落实生产安全事故隐患排查治理制度，采取技术、管理措施，及时发现并消除事故隐患。事故隐患排查治理情况应当如实记录，并通过职工大会或者职工代表大会、信息公示栏等方式向从业人员通报。其中，重大事故隐患排查治理情况应当及时向负有安全生产监督管理职责的部门和职工大会或者职工代表大会报告。

县级以上地方各级人民政府负有安全生产监督管理职责的部门应当将重大事故隐患纳入相关信息系统，建立健全重大事故隐患治理督办制度，督促生产经营单位消除重大事故隐患。

第四十二条 生产、经营、储存、使用危险物品的车间、商店、仓库不得与员工宿舍在同一座建筑物内，并应当与员工宿舍保持安全距离。

生产经营场所和员工宿舍应当设有符合紧急疏散要求、标志明显、保持畅通的出口、疏散通道。禁止占用、锁闭、封堵生产经营场所或者员工宿舍的出口、疏散通道。

第四十三条 生产经营单位进行爆破、吊装、动火、临时用电以及国务院应急管理部门会同国务院有关部门规定的其他危险作业，应当安排专门人员进行现场安全管理，确保操作规程的遵守和安全措施的落实。

第四十四条 生产经营单位应当教育和督促从业人员严格执行本单位的安全生产规章制度和安全操作规程；并向从业人员如实告知作业场所和工作岗位存在的危险因素、防范措施以及事故应急措施。

生产经营单位应当关注从业人员的身体、心理状况和行为习惯，加强对从业人员的心理疏导、精神慰藉，严格落实岗位安全生产责任，防范从业人员行为异常导致事故发生。

第四十五条 生产经营单位必须为从业人员提供符合国家标准或者行业标准的劳动防护用品，并监督、教育从业人员按照使用规则佩戴、使用。

第四十六条 生产经营单位的安全生产管理人员应当根据本单

位的生产经营特点，对安全生产状况进行经常性检查；对检查中发现的安全问题，应当立即处理；不能处理的，应当及时报告本单位有关负责人，有关负责人应当及时处理。检查及处理情况应当如实记录在案。

生产经营单位的安全生产管理人员在检查中发现重大事故隐患，依照前款规定向本单位有关负责人报告，有关负责人不及时处理的，安全生产管理人员可以向主管的负有安全生产监督管理职责的部门报告，接到报告的部门应当依法及时处理。

第四十七条 生产经营单位应当安排用于配备劳动防护用品、进行安全生产培训的经费。

第四十八条 两个以上生产经营单位在同一作业区域内进行生产经营活动，可能危及对方生产安全的，应当签订安全生产管理协议，明确各自的安全生产管理职责和应当采取的安全措施，并指定专职安全生产管理人员进行安全检查与协调。

第四十九条 生产经营单位不得将生产经营项目、场所、设备发包或者出租给不具备安全生产条件或者相应资质的单位或者个人。

生产经营项目、场所发包或者出租给其他单位的，生产经营单位应当与承包单位、承租单位签订专门的安全生产管理协议，或者在承包合同、租赁合同中约定各自的安全生产管理职责；生产经营单位对承包单位、承租单位的安全生产工作统一协调、管理，定期进行安全检查，发现安全问题的，应当及时督促整改。

矿山、金属冶炼建设项目和用于生产、储存、装卸危险物品的建设项目的施工单位应当加强对施工项目的安全管理，不得倒卖、出租、出借、挂靠或者以其他形式非法转让施工资质，不得将其承包的全部建设工程转包给第三人或者将其承包的全部建设工程支解以后以分包的名义分别转包给第三人，不得将工程分包给不具备相应资质条件的单位。

第五十条 生产经营单位发生生产安全事故时，单位的主要负责人应当立即组织抢救，并不得在事故调查处理期间擅离职守。

第五十一条 生产经营单位必须依法参加工伤保险，为从业人员缴纳保险费。

国家鼓励生产经营单位投保安全生产责任保险；属于国家规定的高危行业、领域的生产经营单位，应当投保安全生产责任保险。具体范围和实施办法由国务院应急管理部门会同国务院财政部门、国务院保险监督管理机构和相关行业主管部门制定。

第三章 从业人员的安全生产权利义务

第五十二条 生产经营单位与从业人员订立的劳动合同，应当载明有关保障从业人员劳动安全、防止职业危害的事项，以及依法为从业人员办理工伤保险的事项。

生产经营单位不得以任何形式与从业人员订立协议，免除或者减轻其对从业人员因生产安全事故伤亡依法应承担的责任。

第五十三条 生产经营单位的从业人员有权了解其作业场所和工作岗位存在的危险因素、防范措施及事故应急措施，有权对本单位的安全生产工作提出建议。

第五十四条 从业人员有权对本单位安全生产工作中存在的问题提出批评、检举、控告；有权拒绝违章指挥和强令冒险作业。

生产经营单位不得因从业人员对本单位安全生产工作提出批评、检举、控告或者拒绝违章指挥、强令冒险作业而降低其工资、福利等待遇或者解除与其订立的劳动合同。

第五十五条 从业人员发现直接危及人身安全的紧急情况时，有权停止作业或者在采取可能的应急措施后撤离作业场所。

生产经营单位不得因从业人员在前款紧急情况下停止作业或者采取紧急撤离措施而降低其工资、福利等待遇或者解除与其订立的劳动合同。

第五十六条 生产经营单位发生生产安全事故后，应当及时采取措施救治有关人员。

因生产安全事故受到损害的从业人员，除依法享有工伤保险外，依照有关民事法律尚有获得赔偿的权利的，有权提出赔偿要求。

第五十七条 从业人员在作业过程中，应当严格落实岗位安全责任，遵守本单位的安全生产规章制度和操作规程，服从管理，正确佩戴和使用劳动防护用品。

第五十八条 从业人员应当接受安全生产教育和培训，掌握本职工作所需的安全生产知识，提高安全生产技能，增强事故预防和应急处理能力。

第五十九条 从业人员发现事故隐患或者其他不安全因素，应当立即向现场安全生产管理人员或者本单位负责人报告；接到报告的人员应当及时予以处理。

第六十条 工会有权对建设项目的安全设施与主体工程同时设计、同时施工、同时投入生产和使用进行监督，提出意见。

工会对生产经营单位违反安全生产法律、法规，侵犯从业人员合法权益的行为，有权要求纠正；发现生产经营单位违章指挥、强令冒险作业或者发现事故隐患时，有权提出解决的建议，生产经营单位应当及时研究答复；发现危及从业人员生命安全的情况时，有权向生产经营单位建议组织从业人员撤离危险场所，生产经营单位必须立即作出处理。

工会有权依法参加事故调查，向有关部门提出处理意见，并要求追究有关人员的责任。

第六十一条 生产经营单位使用被派遣劳动者的，被派遣劳动者享有本法规定的从业人员的权利，并应当履行本法规定的从业人员的义务。

第四章　安全生产的监督管理

第六十二条 县级以上地方各级人民政府应当根据本行政区域内的安全生产状况，组织有关部门按照职责分工，对本行政区域内容易发生重大生产安全事故的生产经营单位进行严格检查。

应急管理部门应当按照分类分级监督管理的要求，制定安全生产年度监督检查计划，并按照年度监督检查计划进行监督检查，发现事故隐患，应当及时处理。

第六十三条 负有安全生产监督管理职责的部门依照有关法律、法规的规定，对涉及安全生产的事项需要审查批准（包括批准、核准、许可、注册、认证、颁发证照等，下同）或者验收的，必须严格依照有关法律、法规和国家标准或者行业标准规定的安全生产条件和程序进行审查；不符合有关法律、法规和国家标准或者行业标准规定的安全生产条件的，不得批准或者验收通过。对未依法取得批准或者验收合格的单位擅自从事有关活动的，负责行政审批的部门发现或者接到举报后应当立即予以取缔，并依法予以处理。对已经依法取得批准的单位，负责行政审批的部门发现其不再具备安全生产条件的，应当撤销原批准。

第六十四条 负有安全生产监督管理职责的部门对涉及安全生产的事项进行审查、验收，不得收取费用；不得要求接受审查、验收的单位购买其指定品牌或者指定生产、销售单位的安全设备、器材或者其他产品。

第六十五条 应急管理部门和其他负有安全生产监督管理职责的部门依法开展安全生产行政执法工作，对生产经营单位执行有关安全生产的法律、法规和国家标准或者行业标准的情况进行监督检查，行使以下职权：

（一）进入生产经营单位进行检查，调阅有关资料，向有关单位和人员了解情况；

（二）对检查中发现的安全生产违法行为，当场予以纠正或者要求限期改正；对依法应当给予行政处罚的行为，依照本法和其他有关法律、行政法规的规定作出行政处罚决定；

（三）对检查中发现的事故隐患，应当责令立即排除；重大事故隐患排除前或者排除过程中无法保证安全的，应当责令从危险区域内撤出作业人员，责令暂时停产停业或者停止使用相关设施、设备；重大事故隐患排除后，经审查同意，方可恢复生产经营和使用；

（四）对有根据认为不符合保障安全生产的国家标准或者行业标准的设施、设备、器材以及违法生产、储存、使用、经营、运输的危险物品予以查封或者扣押，对违法生产、储存、使用、经营危险物品的作业场所予以查封，并依法作出处理决定。

监督检查不得影响被检查单位的正常生产经营活动。

第六十六条 生产经营单位对负有安全生产监督管理职责的部门的监督检查人员（以下统称安全生产监督检查人员）依法履行监督检查职责，应当予以配合，不得拒绝、阻挠。

第六十七条 安全生产监督检查人员应当忠于职守，坚持原则，秉公执法。

安全生产监督检查人员执行监督检查任务时，必须出示有效的行政执法证件；对涉及被检查单位的技术秘密和业务秘密，应当为其保密。

第六十八条 安全生产监督检查人员应当将检查的时间、地点、内容、发现的问题及其处理情况，作出书面记录，并由检查人员和被检查单位的负责人签字；被检查单位的负责人拒绝签字的，检查人员应当将情况记录在案，并向负有安全生产监督管理职责的部门报告。

第六十九条 负有安全生产监督管理职责的部门在监督检查中，应当互相配合，实行联合检查；确需分别进行检查的，应当互通情况，发现存在的安全问题应当由其他有关部门进行处理的，应当及时移送其他有关部门并形成记录备查，接受移送的部门应当及时进行处理。

第七十条 负有安全生产监督管理职责的部门依法对存在重大事故隐患的生产经营单位作出停产停业、停止施工、停止使用相关设施或者设备的决定，生产经营单位应当依法执行，及时消除事故隐患。生产经营单位拒不执行，有发生生产安全事故的现实危险的，在保证安全的前提下，经本部门主要负责人批准，负有安全生产监督管理职责的部门可以采取通知有关单位停止供电、停止供应民用爆炸物品等措施，强制生产经营单位履行决定。通知应当采用书面形式，有关单位应当予以配合。

负有安全生产监督管理职责的部门依照前款规定采取停止供电措施，除有危及生产安全的紧急情形外，应当提前二十四小时通知生产经营单位。生产经营单位依法履行行政决定、采取相应措施消除事故隐患的，负有安全生产监督管理职责的部门应当及时解除前款规定的措施。

第七十一条 监察机关依照监察法的规定，对负有安全生产监督管理职责的部门及其工作人员履行安全生产监督管理职责实施监察。

第七十二条 承担安全评价、认证、检测、检验职责的机构应当具备国家规定的资质条件，并对其作出的安全评价、认证、检测、检验结果的合法性、真实性负责。资质条件由国务院应急管理部门会同国务院有关部门制定。

承担安全评价、认证、检测、检验职责的机构应当建立并实施服务公开和报告公开制度，不得租借资质、挂靠、出具虚假报告。

第七十三条 负有安全生产监督管理职责的部门应当建立举报制度，公开举报电话、信箱或者电子邮件地址等网络举报平台，受理有关安全生产的举报；受理的举报事项经调查核实后，应当形成书面材料；需要落实整改措施的，报经有关负责人签字并督促落实。对不属于本部门职责，需要由其他有关部门进行调查处理的，转交其他有关部门处理。

涉及人员死亡的举报事项，应当由县级以上人民政府组织核查处理。

第七十四条 任何单位或者个人对事故隐患或者安全生产违法行为，均有权向负有安全生产监督管理职责的部门报告或者举报。

因安全生产违法行为造成重大事故隐患或者导致重大事故，致使国家利益或者社会公共利益受到侵害的，人民检察院可以根据民事诉讼法、行政诉讼法的相关规定提起公益诉讼。

第七十五条 居民委员会、村民委员会发现其所在区域内的生产经营单位存在事故隐患或者安全生产违法行为时，应当向当地人民政府或者有关部门报告。

第七十六条 县级以上各级人民政府及其有关部门对报告重大事故隐患或者举报安全生产违法行为的有功人员，给予奖励。具体奖励办法由国务院应急管理部门会同国务院财政部门制定。

第七十七条 新闻、出版、广播、电影、电视等单位有进行安全生产公益宣传教育的义务，有对违反安全生产法律、法规的行为进行舆论监督的权利。

第七十八条 负有安全生产监督管理职责的部门应当建立安全生产违法行为信息库，如实记录生产经营单位及其有关从业人员的安全生产违法行为信息；对违法行为情节严重的生产经营单位及其有关从业人员，应当及时向社会公告，并通报行业主管部门、投资主管部门、自然资源主管部门、生态环境主管部门、证券监督管理机构以及有关金融机构。有关部门和机构应当对存在失信行为的生产经营单位及其有关从业人员采取加大执法检查频次、暂停项目审批、上调有关保险费率、行业或者职业禁入等联合惩戒措施，并向社会公示。

负有安全生产监督管理职责的部门应当加强对生产经营单位行政处罚信息的及时归集、共享、应用和公开，对生产经营单位作出处罚决定后七个工作日内在监督管理部门公示系统予以公开曝光，强化对违法失信生产经营单位及其有关从业人员的社会监督，提高全社会安全生产诚信水平。

第五章 生产安全事故的应急救援与调查处理

第七十九条 国家加强生产安全事故应急能力建设，在重点行业、领域建立应急救援基地和应急救援队伍，并由国家安全生产应急救援机构统一协调指挥；鼓励生产经营单位和其他社会力量建立应急救援队伍，配备相应的应急救援装备和物资，提高应急救援的专业化水平。

国务院应急管理部门牵头建立全国统一的生产安全事故应急救援信息系统，国务院交通运输、住房和城乡建设、水利、民航等有关部门和县级以上地方人民政府建立健全相关行业、领域、地区的生产安全事故应急救援信息系统，实现互联互通、信息共享，通过推行网上安全信息采集、安全监管和监测预警，提升监管的精准化、智能化水平。

第八十条 县级以上地方各级人民政府应当组织有关部门制定本行政区域内生产安全事故应急救援预案，建立应急救援体系。

乡镇人民政府和街道办事处，以及开发区、工业园区、港区、风景区等应当制定相应的生产安全事故应急救援预案，协助人民政府有关部门或者按照授权依法履行生产安全事故应急救援工作职责。

第八十一条 生产经营单位应当制定本单位生产安全事故应急救援预案，与所在地县级以上地方人民政府组织制定的生产安全事故应急救援预案相衔接，并定期组织演练。

第八十二条 危险物品的生产、经营、储存单位以及矿山、金属冶炼、城市轨道交通运营、建筑施工单位应当建立应急救援组织；生产经营规模较小的，可以不建立应急救援组织，但应当指定兼职的应急救援人员。

危险物品的生产、经营、储存、运输单位以及矿山、金属冶炼、城市轨道交通运营、建筑施工单位应当配备必要的应急救援器材、设备和物资，并进行经常性维护、保养，保证正常运转。

第八十三条 生产经营单位发生生产安全事故后，事故现场有关人员应当立即报告本单位负责人。

单位负责人接到事故报告后，应当迅速采取有效措施，组织抢救，防止事故扩大，减少人员伤亡和财产损失，并按照国家有关规定立即如实报告当地负有安全生产监督管理职责的部门，不得隐瞒不报、谎报或者迟报，不得故意破坏事故现场、毁灭有关证据。

第八十四条 负有安全生产监督管理职责的部门接到事故报告后，应当立即按照国家有关规定上报事故情况。负有安全生产监督管理职责的部门和有关地方人民政府对事故情况不得隐瞒不报、谎报或者迟报。

第八十五条 有关地方人民政府和负有安全生产监督管理职责的部门的负责人接到生产安全事故报告后，应当按照生产安全事故应急救援预案的要求立即赶到事故现场，组织事故抢救。

参与事故抢救的部门和单位应当服从统一指挥，加强协同联动，采取有效的应急救援措施，并根据事故救援的需要采取警戒、疏散等措施，防止事故扩大和次生灾害的发生，减少人员伤亡和财产损失。

事故抢救过程中应当采取必要措施，避免或者减少对环境造成的危害。

任何单位和个人都应当支持、配合事故抢救，并提供一切便利条件。

第八十六条 事故调查处理应当按照科学严谨、依法依规、实事求是、注重实效的原则，及时、准确地查清事故原因，查明事故性质和责任，评估应急处置工作，总结事故教训，提出整改措施，并对事故责任单位和人员提出处理建议。事故调查报告应当依法及时向社会公布。事故调查和处理的具体办法由国务院制定。

事故发生单位应当及时全面落实整改措施，负有安全生产监督管理职责的部门应当加强监督检查。

负责事故调查处理的国务院有关部门和地方人民政府应当在批复事故调查报告后一年内，组织有关部门对事故整改和防范措施落实情况进行评估，并及时向社会公开评估结果；对不履行职责导致事故整改和防范措施没有落实的有关单位和人员，应当按照有关规定追究责任。

第八十七条 生产经营单位发生生产安全事故，经调查确定为责任事故的，除了应当查明事故单位的责任并依法予以追究外，还应当查明对安全生产的有关事项负有审查批准和监督职责的行政部门的责任，对有失职、渎职行为的，依照本法第九十条的规定追究法律责任。

第八十八条 任何单位和个人不得阻挠和干涉对事故的依法调查处理。

第八十九条 县级以上地方各级人民政府应急管理部门应当定期统计分析本行政区域内发生生产安全事故的情况，并定期向社会公布。

第六章 法律责任

第九十条 负有安全生产监督管理职责的部门的工作人员，有下列行为之一的，给予降级或者撤职的处分；构成犯罪的，依照刑法有关规定追究刑事责任：

（一）对不符合法定安全生产条件的涉及安全生产的事项予以批准或者验收通过的；

（二）发现未依法取得批准、验收的单位擅自从事有关活动或者接到举报后不予取缔或者不依法予以处理的；

（三）对已经依法取得批准的单位不履行监督管理职责，发现其不再具备安全生产条件而不撤销原批准或者发现安全生产违法行为不予查处的；

（四）在监督检查中发现重大事故隐患，不依法及时处理的。

负有安全生产监督管理职责的部门的工作人员有前款规定以外的滥用职权、玩忽职守、徇私舞弊行为的，依法给予处分；构成犯罪的，依照刑法有关规定追究刑事责任。

第九十一条 负有安全生产监督管理职责的部门，要求被审查、验收的单位购买其指定的安全设备、器材或者其他产品的，在对安全生产事项的审查、验收中收取费用的，由其上级机关或者监察机关责令改正，责令退还收取的费用；情节严重的，对直接负责的主管人员和其他直接责任人员依法给予处分。

第九十二条 承担安全评价、认证、检测、检验职责的机构出具失实报告的，责令停业整顿，并处三万元以上十万元以下的罚款；给他人造成损害的，依法承担赔偿责任。

承担安全评价、认证、检测、检验职责的机构租借资质、挂靠、出具虚假报告的，没收违法所得；违法所得在十万元以上的，并处违法所得二倍以上五倍以下的罚款，没有违法所得或者违法所得不足十万元的，单处或者并处十万元以上二十万元以下的罚款；对其直接负责的主管人员和其他直接责任人员处五万元以上十万元以下的罚款；给他人造成损害的，与生产经营单位承担连带赔偿责任；构成犯罪的，依照刑法有关规定追究刑事责任。

对有前款违法行为的机构及其直接责任人员，吊销其相应资质和资格，五年内不得从事安全评价、认证、检测、检验等工作；情节严重的，实行终身行业和职业禁入。

第九十三条 生产经营单位的决策机构、主要负责人或者个人经营的投资人不依照本法规定保证安全生产所必需的资金投入，致使生产经营单位不具备安全生产条件的，责令限期改正，提供必需的资金；逾期未改正的，责令生产经营单位停产停业整顿。

有前款违法行为，导致发生生产安全事故的，对生产经营单位的主要负责人给予撤职处分，对个人经营的投资人处二万元以上二十万元以下的罚款；构成犯罪的，依照刑法有关规定追究刑事责任。

第九十四条 生产经营单位的主要负责人未履行本法规定的安全生产管理职责的，责令限期改正，处二万元以上五万元以下的罚款；逾期未改正的，处五万元以上十万元以下的罚款，责令生产经营单位停产停业整顿。

生产经营单位的主要负责人有前款违法行为，导致发生生产安全事故的，给予撤职处分；构成犯罪的，依照刑法有关规定追究刑事责任。

生产经营单位的主要负责人依照前款规定受刑事处罚或者撤职处分的，自刑罚执行完毕或者受处分之日起，五年内不得担任任何生产经营单位的主要负责人；对重大、特别重大生产安全事故负有责任的，终身不得担任本行业生产经营单位的主要负责人。

第九十五条 生产经营单位的主要负责人未履行本法规定的安全生产管理职责，导致发生生产安全事故的，由应急管理部门依照下列规定处以罚款：

（一）发生一般事故的，处上一年年收入百分之四十的罚款；

（二）发生较大事故的，处上一年年收入百分之六十的罚款；

（三）发生重大事故的，处上一年年收入百分之八十的罚款；

（四）发生特别重大事故的，处上一年年收入百分之一百的罚款。

第九十六条 生产经营单位的其他负责人和安全生产管理人员未履行本法规定的安全生产管理职责的，责令限期改正，处一万元以上三万元以下的罚款；导致发生生产安全事故的，暂停或者吊销其与安全生产有关的资格，并处上一年年收入百分之二十以上百分之五十以下的罚款；构成犯罪的，依照刑法有关规定追究刑事责任。

第九十七条 生产经营单位有下列行为之一的，责令限期改正，处十万元以下的罚款；逾期未改正的，责令停产停业整顿，并处十万元以上二十万元以下的罚款，对其直接负责的主管人员和其他直接责任人员处二万元以上五万元以下的罚款：

（一）未按照规定设置安全生产管理机构或者配备安全生产管理人员、注册安全工程师的；

（二）危险物品的生产、经营、储存、装卸单位以及矿山、金属冶炼、建筑施工、运输单位的主要负责人和安全生产管理人员未按照规定经考核合格的；

（三）未按照规定对从业人员、被派遣劳动者、实习学生进行安全生产教育和培训，或者未按照规定如实告知有关的安全生产事项的；

（四）未如实记录安全生产教育和培训情况的；

（五）未将事故隐患排查治理情况如实记录或者未向从业人员通报的；

（六）未按照规定制定生产安全事故应急救援预案或者未定期组织演练的；

（七）特种作业人员未按照规定经专门的安全作业培训并取得相应资格，上岗作业的。

第九十八条 生产经营单位有下列行为之一的，责令停止建设或者停产停业整顿，限期改正，并处十万元以上五十万元以下的罚款，对其直接负责的主管人员和其他直接责任人员处二万元以上五万元以下的罚款；逾期未改正的，处五十万元以上一百万元以下的罚款，对其直接负责的主管人员和其他直接责任人员处五万元以上十万元以下的罚款；构成犯罪的，依照刑法有关规定追究刑事责任：

（一）未按照规定对矿山、金属冶炼建设项目或者用于生产、储存、装卸危险物品的建设项目进行安全评价的；

（二）矿山、金属冶炼建设项目或者用于生产、储存、装卸危险物品的建设项目没有安全设施设计或者安全设施设计未按照规定报经有关部门审查同意的；

（三）矿山、金属冶炼建设项目或者用于生产、储存、装卸危险物品的建设项目的施工单位未按照批准的安全设施设计施工的；

（四）矿山、金属冶炼建设项目或者用于生产、储存、装卸危险物品的建设项目竣工投入生产或者使用前，安全设施未经验收合格的。

第九十九条 生产经营单位有下列行为之一的，责令限期改正，处五万元以下的罚款；逾期未改正的，处五万元以上二十万元以下的罚款，对其直接负责的主管人员和其他直接责任人员处一万元以上二万元以下的罚款；情节严重的，责令停产停业整顿；构成犯罪的，依照刑法有关规定追究刑事责任：

（一）未在有较大危险因素的生产经营场所和有关设施、设备上设置明显的安全警示标志的；

（二）安全设备的安装、使用、检测、改造和报废不符合国家标准或者行业标准的；

（三）未对安全设备进行经常性维护、保养和定期检测的；

（四）关闭、破坏直接关系生产安全的监控、报警、防护、救生设备、设施，或者篡改、隐瞒、销毁其相关数据、信息的；

（五）未为从业人员提供符合国家标准或者行业标准的劳动防护用品的；

（六）危险物品的容器、运输工具，以及涉及人身安全、危险性较大的海洋石油开采特种设备和矿山井下特种设备未经具有专业资质的机构检测、检验合格，取得安全使用证或者安全标志，投入使用的；

（七）使用应当淘汰的危及生产安全的工艺、设备的；

（八）餐饮等行业的生产经营单位使用燃气未安装可燃气体报警装置的。

第一百条 未经依法批准，擅自生产、经营、运输、储存、使用危险物品或者处置废弃危险物品的，依照有关危险物品安全管理的法律、行政法规的规定予以处罚；构成犯罪的，依照刑法有关规定追究刑事责任。

第一百零一条 生产经营单位有下列行为之一的，责令限期改正，处十万元以下的罚款；逾期未改正的，责令停产停业整顿，并处十万元以上二十万元以下的罚款，对其直接负责的主管人员和其他直接责任人员处二万元以上五万元以下的罚款；构成犯罪的，依照刑法有关规定追究刑事责任：

（一）生产、经营、运输、储存、使用危险物品或者处置废弃危险物品，未建立专门安全管理制度、未采取可靠的安全措施的；

（二）对重大危险源未登记建档，未进行定期检测、评估、监控，未制定应急预案，或者未告知应急措施的；

（三）进行爆破、吊装、动火、临时用电以及国务院应急管理部门会同国务院有关部门规定的其他危险作业，未安排专门人员进行现场安全管理的；

（四）未建立安全风险分级管控制度或者未按照安全风险分级采取相应管控措施的；

（五）未建立事故隐患排查治理制度，或者重大事故隐患排查治理情况未按照规定报告的。

第一百零二条 生产经营单位未采取措施消除事故隐患的，责令立即消除或者限期消除，处五万元以下的罚款；生产经营单位拒不执行的，责令停产停业整顿，对其直接负责的主管人员和其他直接责任人员处五万元以上十万元以下的罚款；构成犯罪的，依照刑法有关规定追究刑事责任。

第一百零三条 生产经营单位将生产经营项目、场所、设备发包或者出租给不具备安全生产条件或者相应资质的单位或者个人的，责令限期改正，没收违法所得；违法所得十万元以上的，并处违法所得二倍以上五倍以下的罚款；没有违法所得或者违法所得不足十万元的，单处或者并处十万元以上二十万元以下的罚款；对其直接负责的主管人员和其他直接责任人员处一万元以上二万元以下的罚款；导致发生生产安全事故给他人造成损害的，与承包方、承租方承担连带赔偿责任。

生产经营单位未与承包单位、承租单位签订专门的安全生产管理协议或者未在承包合同、租赁合同中明确各自的安全生产管理职责，或者未对承包单位、承租单位的安全生产统一协调、管理的，责令限期改正，处五万元以下的罚款，对其直接负责的主管人员和其他直接责任人员处一万元以下的罚款；逾期未改正的，责令停产停业整顿。

矿山、金属冶炼建设项目和用于生产、储存、装卸危险物品的建设项目的施工单位未按照规定对施工项目进行安全管理的，责令限期改正，处十万元以下的罚款，对其直接负责的主管人员和其他直接责任人员处二万元以下的罚款；逾期未改正的，责令停产停业整顿。以上施工单位倒卖、出租、出借、挂靠或者以其他形式非法转让施工资质的，责令停产停业整顿，吊销资质证书，没收违法所得；违法所得十万元以上的，并处违法所得二倍以上五倍以下的罚款，没有违法所得或者违法所得不足十万元的，单处或者并处十万元以上二十万元以下的罚款；对其直接负责的主管人员和其他直接责任人员处五万元以上十万元以下的罚款；构成犯罪的，依照刑法有关规定追究刑事责任。

第一百零四条 两个以上生产经营单位在同一作业区域内进行可能危及对方安全生产的生产经营活动，未签订安全生产管理协议或者未指定专职安全生产管理人员进行安全检查与协调的，责令限期改正，处五万元以下的罚款，对其直接负责的主管人员和其他直接责任人员处一万元以下的罚款；逾期未改正的，责令停产停业。

第一百零五条 生产经营单位有下列行为之一的，责令限期改正，处五万元以下的罚款，对其直接负责的主管人员和其他直接责任人员处一万元以下的罚款；逾期未改正的，责令停产停业整顿；构成犯罪的，依照刑法有关规定追究刑事责任：

（一）生产、经营、储存、使用危险物品的车间、商店、仓库与员工宿舍在同一座建筑内，或者与员工宿舍的距离不符合安全要求的；

（二）生产经营场所和员工宿舍未设有符合紧急疏散需要、标志明显、保持畅通的出口、疏散通道，或者占用、锁闭、封堵生产经营场所或者员工宿舍出口、疏散通道的。

第一百零六条 生产经营单位与从业人员订立协议，免除或者减轻其对从业人员因生产安全事故伤亡依法应承担的责任的，该协议无效；对生产经营单位的主要负责人、个人经营的投资人处二万元以上十万元以下的罚款。

第一百零七条 生产经营单位的从业人员不落实岗位安全责任，不服从管理，违反安全生产规章制度或者操作规程的，由生产经营单位给予批评教育，依照有关规章制度给予处分；构成犯罪的，依照刑法有关规定追究刑事责任。

第一百零八条 违反本法规定，生产经营单位拒绝、阻碍负有安全生产监督管理职责的部门依法实施监督检查的，责令改正；拒不改正的，处二万元以上二十万元以下的罚款；对其直接负责的主管人员和其他直接责任人员处一万元以上二万元以下的罚款；构成犯罪的，依照刑法有关规定追究刑事责任。

第一百零九条 高危行业、领域的生产经营单位未按照国家规定投保安全生产责任保险的，责令限期改正，处五万元以上十万元以下的罚款；逾期未改正的，处十万元以上二十万元以下的罚款。

第一百一十条 生产经营单位的主要负责人在本单位发生生产安全事故时，不立即组织抢救或者在事故调查处理期间擅离职守或者逃匿的，给予降级、撤职的处分，并由应急管理部门处上一年年收入百分之六十至百分之一百的罚款；对逃匿的处十五日以下拘留；构成犯罪的，依照刑法有关规定追究刑事责任。

生产经营单位的主要负责人对生产安全事故隐瞒不报、谎报或者迟报的，依照前款规定处罚。

第一百一十一条 有关地方人民政府、负有安全生产监督管理职责的部门，对生产安全事故隐瞒不报、谎报或者迟报的，对直接负责的主管人员和其他直接责任人员依法给予处分；构成犯罪的，依照刑法有关规定追究刑事责任。

第一百一十二条 生产经营单位违反本法规定，被责令改正且受到罚款处罚，拒不改正的，负有安全生产监督管理职责的部门可以自作出责令改正之日的次日起，按照原处罚数额按日连续处罚。

第一百一十三条 生产经营单位存在下列情形之一的，负有安全生产监督管理职责的部门应当提请地方人民政府予以关闭，有关部门应当依法吊销其有关证照。生产经营单位主要负责人五年内不得担任任何生产经营单位的主要负责人；情节严重的，终身不得担任本行业生产经营单位的主要负责人：

（一）存在重大事故隐患，一百八十日内三次或者一年内四次受到本法规定的行政处罚的；

（二）经停产停业整顿，仍不具备法律、行政法规和国家标准或者行业标准规定的安全生产条件的；

（三）不具备法律、行政法规和国家标准或者行业标准规定的安全生产条件，导致发生重大、特别重大生产安全事故的；

（四）拒不执行负有安全生产监督管理职责的部门作出的停产停业整顿决定的。

第一百一十四条 发生生产安全事故，对负有责任的生产经营单位除要求其依法承担相应的赔偿等责任外，由应急管理部门依照下列规定处以罚款：

（一）发生一般事故的，处三十万元以上一百万元以下的罚款；

（二）发生较大事故的，处一百万元以上二百万元以下的罚款；

（三）发生重大事故的，处二百万元以上一千万元以下的罚款；

（四）发生特别重大事故的，处一千万元以上二千万元以下的罚款。

发生生产安全事故，情节特别严重、影响特别恶劣的，应急管理部门可以按照前款罚款数额的二倍以上五倍以下对负有责任的生产经营单位处以罚款。

第一百一十五条 本法规定的行政处罚，由应急管理部门和其他负有安全生产监督管理职责的部门按照职责分工决定；其中，根据本法第九十五条、第一百一十条、第一百一十四条的规定应当给予民航、铁路、电力行业的生产经营单位及其主要负责人行政处罚的，也可以由主管的负有安全生产监督管理职责的部门进行处罚。予以关闭的行政处罚，由负有安全生产监督管理职责的部门报请县级以上人民政府按照国务院规定的权限决定；给予拘留的行政处罚，由公安机关依照治安管理处罚的规定决定。

第一百一十六条 生产经营单位发生生产安全事故造成人员伤亡、他人财产损失的，应当依法承担赔偿责任；拒不承担或者其负责人逃匿的，由人民法院依法强制执行。

生产安全事故的责任人未依法承担赔偿责任，经人民法院依法采取执行措施后，仍不能对受害人给予足额赔偿的，应当继续履行赔偿义务；受害人发现责任人有其他财产的，可以随时请求人民法院执行。

第七章　附　　则

第一百一十七条　本法下列用语的含义：

危险物品，是指易燃易爆物品、危险化学品、放射性物品等能够危及人身安全和财产安全的物品。

重大危险源，是指长期地或者临时地生产、搬运、使用或者储存危险物品，且危险物品的数量等于或者超过临界量的单元（包括场所和设施）。

第一百一十八条　本法规定的生产安全一般事故、较大事故、重大事故、特别重大事故的划分标准由国务院规定。

国务院应急管理部门和其他负有安全生产监督管理职责的部门应当根据各自的职责分工，制定相关行业、领域重大危险源的辨识标准和重大事故隐患的判定标准。

第一百一十九条　本法自2002年11月1日起施行。

关于《中华人民共和国安全生产法（修正草案）》的说明

——2021年1月20日在第十三届全国人民代表大会常务委员会第二十五次会议上

应急管理部党委书记、副部长　黄　明

全国人民代表大会常务委员会：

我受国务院委托，现对《中华人民共和国安全生产法（修正草案)》作说明。

一、修改的必要性

安全生产是关系人民群众生命财产安全的大事，是经济社会高质量发展的重要标志，是党和政府对人民利益高度负责的重要体现。党中央、国务院高度重视安全生产工作。习近平总书记多次作出重要指示，强调各级党委政府务必把安全生产摆到重要位置，统筹发展和安全，坚持人民至上、生命至上，树牢安全发展理念，严格落实安全生产责任制，强化风险防控，从根本上消除事故隐患，切实把确保人民生命安全放在第一位落到实处。李克强总理多次作出重要批示，要求压实各层级各环节责任，严格安全监管执法，强化安全风险防控和隐患排查治理，加强安全基础能力建设，坚决防范遏制重特大安全事故，保障人民群众生命财产安全。

《中华人民共和国安全生产法》（以下简称《安全生产法》）于2002年公布施行，2009年和2014年进行了两次修正，对预防和减少生产安全事故，保障人民群众生命财产安全发挥了重要作用，但新发展阶段、新发展理念、新发展格局对安全生产提出了更高的要求，需要对《安全生产法》进行修改完善。一是习近平总书记对加强安全生产工作作出一系列重要指示批示，2016年12月，中共中央、国务院印发《关于推进安全生产领域改革发展的意见》，对安全生产工作的指导思想、基本原则、制度措施等作出新的重大部署，需要通过修法进一步贯彻落实。二是我国安全生产仍处于爬坡过坎期，过去长期积累的隐患集中暴露，新的风险不断涌现，需要通过修法进一步压实各方安全生产责任，有效防范化解重大安全风险。三是根据2018年深化党和国家机构改革方案，原国家安监总局的职责划入应急部，其他有关部门和职责也作了调整，需要通过修法对原来的法定职责进行修改。

2019年1月，应急部向国务院报送了《〈中华人民共和国安全生产法〉修正案（草案送审稿)》。2019年1月和2020年2月司法部先后两次征求有关部门、省级政府和部分研究机构、行业协会、企业的意见，并会同应急部进一步开展了实地调研、专家座谈、沟通协调，反复修改完善，形成了《中华人民共和国安全生产法（修正草案）》（以下简称草案）。草案已经2020年11月25日国务院第115次常务会议讨论通过。

二、修改的总体思路

草案在总体思路上主要把握以下三点：一是将习近平总书记关于安全生产工作一系列重要指示批示精神和党中央、国务院有关决策部署转化为法律规定，确保落地见效。二是强化企业安全生产主体责任，建立完善安全风险预防控制体系，加大违法处罚力度，提高违法成本，推进依法治理。三是完善政府安全监管体制机制和责任制度，强化基础保障能力，依靠法治力量推进安全生产治理体系和治理能力现代化。

三、修改的主要内容

（一）进一步完善安全生产工作的原则要求。为加强党对安全生产工作的领导，贯彻党的十九届五中全会精神，落实习近平总书记提出的“三个必须”原则，对有关内容作了修改完善，规定安全生产工作应当坚持中国共产党的领导，以人为本，坚持人民至上、生命至上，把保护人民生命安全摆在首位，树牢安全发展理念，坚持安全第一、预防为主、综合治理的方针，从源头上防范化解重大安全风险，实行管行业必须管安全、管业务必须管安全、管生产经营必须管安全。

（二）进一步强化和落实生产经营单位的主体责任。一是确保生产经营单位的安全生产责任制落实到位，规定生产经营单位应当建立健全全员安全生产责任制和安全生产规章制度，加大投入保障力度，改善安全生产条件，加强标准化建设，构建安全风险分级管控和隐患排查治理双重预防体系，健全风险防范化解机制。明确生产经营单位的主要负责人是本单位安全生产第一责任人，其他负责人对职责范围内的安全生产工作负责。二是强化预防措施，规定生产经营单位应当建立安全风险分级管控制度，按安全风险分级采取相应管控措施；重大事故隐患排查治理情况应当及时向有关部门报告。三是加大对从业人员心理疏导、精神慰藉等人文关怀和保护力度，防范行为异常导致事故发生。四是发挥市场机制的推动作用，要求属于国家规定的高危行业、领域的生产经营单位应当投保安全生产责任保险。

（三）进一步明确地方政府和有关部门的安全生产监督管理职责。一是强化领导责任，规定各级人民政府应当加强安全生产基础设施和能力建设，所需经费列入本级预算；乡、镇人民政府和街道办事处，以及开发区、港区、风景区等应当明确负责安全监管的机构及其职责，加强监管力量建设，建立完善安全风险评估与论证机制，实施重大安全风险联防联控。二是厘清有关部门在安全生产强制性国家标准方面的职责，规定国务院有关部门分工负责安全生产强制性国家标准的有关工作，依据法定职责对强制性国家标准的实施进行监督检查。三是提升安全生产监管的信息化、智能化水平，监管部门之间应当对重大危险源及有关安全和应急措施备案信息实现信息共享。有关部门应当将重大事故隐患纳入相关信息系统，建立健全治理督办制度，督促消除重大事故隐患。国务院应急管理部门牵头建立全国统一的生产安全事故应急救援信息系统，有关部门和县级以上地方人民政府建立健全相关行业、领域、地区的事故应急救援信息系统，实现互联互通、信息共享，提升监管的精准化、智能化水平。

（四）进一步加大对生产经营单位及其负责人安全生产违法行为的处罚力度。一是在现行《安全生产法》规定的基础上，普遍提高了对违法行为的罚款数额。二是增加生产经营单位被责令改正且受到罚款处罚，拒不改正的，监管部门可以按日连续处罚。三是针对安全生产领域“屡禁不止、屡罚不改”等问题，加大对违法行为恶劣的生产经营单位关闭力度，依法吊销有关证照，对主要负责人实施职业禁入。四是加大对违法失信行为的联合惩戒和公开力度，规定监管部门发现生产经营单位未按规定履行公示义务的，予以联合惩戒；有关部门和机构对存在失信行为的单位及人员采取联合惩戒措施，并向社会公示。

草案和以上说明是否妥当，请审议。

全国人民代表大会宪法和法律委员会关于《中华人民共和国安全生产法（修正草案）》审议结果的报告

全国人民代表大会常务委员会：

常委会第二十五次会议对安全生产法修正草案进行了初次审议。会后，法制工作委员会将草案印发各省（区、市）、部分基层立法联系点、地方和中央有关单位等征求意见，在中国人大网公布草案全文，征求社会公众意见；宪法和法律委员会、法制工作委员会到江苏、湖南、山东实地调研，听取全国人大代表、地方有关部门、企业等方面的意见；宪法和法律委员会、社会建设委员会和法制工作委员会召开中央有关部门座谈会，进一步听取中央有关部门的意见建议，还就草案主要问题与有关部门交换意见，共同研究。宪法和法律委员会于5月19日召开会议，根据常委会组成人员的审议意见和各方面的意见，对草案进行了逐条审议。社会建设委员会、司法部、应急管理部的有关负责同志列席了会议。5月27日，宪法和法律委员会召开会议，再次进行了审议。宪法和法律委员会认为，为贯彻落实党中央改革决策部署，加强安全生产工作，防止和减少生产安全事故，切实保障人民群众生命和财产安全，修改安全生产法是必要的，草案经过审议修改，已经比较成熟。同时，提出以下主要修改意见：

一、有的常委委员和部门提出，应明确平台经济等新兴行业、领域的安全生产责任，加强安全生产监督管理，依法保障从业人员安全。宪法和法律委员会经研究，建议增加规定：平台经济等新兴行业、领域的生产经营单位应当根据本行业、领域的特点，建立健全并落实全员安全生产责任制，履行本法和其他法律、法规规定的有关安全生产义务；对新兴行业、领域的安全生产监督管理职责不明确的，由县级以上地方各级人民政府按照业务相近的原则确定监督管理部门。

二、有的部门和社会公众提出，餐饮等行业燃气用户存在的安全隐患，以及矿山、金属冶炼、危险物品有关建设项目施工单位非法转让施工资质、违法分包转包等，是当前安全生产工作中面临的突出问题，应完善相应安全生产保障措施和法律责任，强化安全生产监督管理。宪法和法律委员会经研究，建议增加规定：餐饮等行业的生产经营单位使用燃气的，应当安装可燃气体报警装置，并保障其正常使用；矿山、金属冶炼建设项目和用于生产、储存、装卸危险物品的建设项目施工单位应当加强对施工项目的安全管理，不得倒卖、出租、出借、挂靠或者以其他形式非法转让施工资质，不得将其承包的全部建设工程转包给第三人或者将其承包的全部建设工程支解以后以分包的名义分别转包给第三人，不得将工程分包给不具备相应资质条件的单位。同时，增加有关违法行为的法律责任。

三、有些常委委员、部门和地方提出，生产安全事故和重大事故隐患涉及国家利益和社会公共利益维护，为切实保护人民群众生命财产安全，建议根据中央有关文件精神，对安全生产领域的公益诉讼作出规定。宪法和法律委员会经研究，建议增加规定：因安全生产违法行为造成重大事故隐患或者导致重大事故，致使国家利益或者社会公共利益受到侵害的，人民检察院可以根据民事诉讼法、行政诉讼法的相关规定提起公益诉讼。

四、有的部门建议，结合安全生产应急救援工作有益经验和实践做法，进一步明确国家安全生产应急救援机构的统一协调指挥职能。宪法和法律委员会经研究，建议规定：国家加强生产安全事故应急能力建设，在重点行业、领域建立应急救援基地和应急救援队伍，并由国家安全生产应急救援机构统一协调指挥。

此外，还对修正草案作了一些文字修改。

5月24日，法制工作委员会召开会议，邀请部分全国人大代表、政协委员、专家学者和生产经营单位、安全评价认证服务机构、保险机构、基层应急管理部门、检察机关的代表，就草案主要制度规范的可行性、出台时机、实施的社会效果和可能出现的问题等进行评估。与会人员普遍认为，草案贯彻落实党中央有关重大决策部署，在安全生产指导思想、生产经营单位主体责任、政府部门监督管理职责、违法行为处罚等方面增加了系列规定，修法正当其时。草案经过修改完善后，内容更加合理、切实可行，建议尽快审议通过。法律颁布实施后，必将深入推进安全生产工作，为人民群众生命和财产安全提供有力法治保障。与会人员还对草案提出了一些具体修改意见，宪法和法律委员会进行了认真研究，对有的意见予以采纳。

宪法和法律委员会已按上述意见提出了全国人民代表大会常务委员会关于修改《中华人民共和国安全生产法》的决定（草案），建议提请本次常委会会议审议通过。

修改决定草案和以上报告是否妥当，请审议。

全国人民代表大会宪法和法律委员会

2021年6月7日

全国人民代表大会宪法和法律委员会关于《全国人民代表大会常务委员会关于修改〈中华人民共和国安全生产法〉的决定（草案）》修改意见的报告

全国人民代表大会常务委员会：

本次常委会会议于6月8日上午对关于修改安全生产法的决定

草案进行了分组审议。普遍认为，草案已经比较成熟，建议进一步修改后，提请本次常委会会议表决通过。同时，有些常委会组成人员和列席人员还提出了一些修改意见和建议。宪法和法律委员会于6月9日上午召开会议，逐条研究了常委会组成人员的审议意见，对草案进行了审议。社会建设委员会、司法部、应急管理部有关负责同志列席了会议。宪法和法律委员会认为，草案是可行的，同时，提出以下修改意见：

一、有的常委委员提出，平台经济生产经营单位健全全员安全生产责任制，应该重点提高从业人员的安全生产意识。宪法和法律委员会经研究，建议增加规定：平台经济等新兴行业、领域的生产经营单位应当加强从业人员安全生产教育和培训。

二、有些常委委员提出，刑法修正案（十一）针对生产安全事故频发增加规定了危险作业罪，建议安全生产法在监督管理上与刑法的相关规定做好衔接。宪法和法律委员会经研究，建议增加规定：生产经营单位不得关闭、破坏直接关系生产安全的监控、报警、防护、救生设备、设施，或者篡改、隐瞒、销毁其相关数据、信息。生产经营单位有以上行为的，责令限期改正，处五万元以下的罚款；逾期未改正的，处五万元以上二十万元以下的罚款，对其直接负责的主管人员和其他直接责任人员处一万元以上二万元以下的罚款；情节严重的，责令停产停业整顿。

三、有的常委委员提出，近年来有关部门拓展完善网络举报途径，取得了良好社会效果，建议在法律中体现相关经验和做法。宪法和法律委员会经研究，建议增加规定：负有安全生产监督管理职责的部门应当建立举报制度，公开举报电话、信箱或者电子邮件地址等网络举报平台。

经与有关部门研究，建议将本决定的施行时间确定为2021年9月1日。

此外，根据常委会组成人员的审议意见，还对修改决定草案作了一些文字修改。

修改决定草案修改稿已按上述意见作了修改，宪法和法律委员会建议本次常委会会议审议通过。

修改决定草案修改稿和以上报告是否妥当，请审议。

全国人民代表大会宪法和法律委员会

2021 年 6 月 10 日

生产安全事故应急条例

（2018 年 12 月 5 日国务院第 33 次常务会议通过　2019 年 2 月 17 日中华人民共和国国务院令第 708 号公布　自 2019 年 4 月 1 日起施行）

第一章　总　则

第一条　为了规范生产安全事故应急工作，保障人民群众生命和财产安全，根据《中华人民共和国安全生产法》和《中华人民共和国突发事件应对法》，制定本条例。

第二条　本条例适用于生产安全事故应急工作；法律、行政法规另有规定的，适用其规定。

第三条　国务院统一领导全国的生产安全事故应急工作，县级以上地方人民政府统一领导本行政区域内的生产安全事故应急工作。生产安全事故应急工作涉及两个以上行政区域的，由有关行政区域共同的上一级人民政府负责，或者由各有关行政区域的上一级人民政府共同负责。

县级以上人民政府应急管理部门和其他对有关行业、领域的安全生产工作实施监督管理的部门（以下统称负有安全生产监督管理职责的部门）在各自职责范围内，做好有关行业、领域的生产安全事故应急工作。

县级以上人民政府应急管理部门指导、协调本级人民政府其他负有安全生产监督管理职责的部门和下级人民政府的生产安全事故应急工作。

乡、镇人民政府以及街道办事处等地方人民政府派出机关应当协助上级人民政府有关部门依法履行生产安全事故应急工作职责。

第四条 生产经营单位应当加强生产安全事故应急工作，建立、健全生产安全事故应急工作责任制，其主要负责人对本单位的生产安全事故应急工作全面负责。

第二章 应急准备

第五条 县级以上人民政府及其负有安全生产监督管理职责的部门和乡、镇人民政府以及街道办事处等地方人民政府派出机关，应当针对可能发生的生产安全事故的特点和危害，进行风险辨识和评估，制定相应的生产安全事故应急救援预案，并依法向社会公布。

生产经营单位应当针对本单位可能发生的生产安全事故的特点和危害，进行风险辨识和评估，制定相应的生产安全事故应急救援预案，并向本单位从业人员公布。

第六条 生产安全事故应急救援预案应当符合有关法律、法规、规章和标准的规定，具有科学性、针对性和可操作性，明确规定应急组织体系、职责分工以及应急救援程序和措施。

有下列情形之一的，生产安全事故应急救援预案制定单位应当及时修订相关预案：

（一）制定预案所依据的法律、法规、规章、标准发生重大变化；

（二）应急指挥机构及其职责发生调整；

（三）安全生产面临的风险发生重大变化；

（四）重要应急资源发生重大变化；

（五）在预案演练或者应急救援中发现需要修订预案的重大

问题；

（六）其他应当修订的情形。

第七条 县级以上人民政府负有安全生产监督管理职责的部门应当将其制定的生产安全事故应急救援预案报送本级人民政府备案；易燃易爆物品、危险化学品等危险物品的生产、经营、储存、运输单位，矿山、金属冶炼、城市轨道交通运营、建筑施工单位，以及宾馆、商场、娱乐场所、旅游景区等人员密集场所经营单位，应当将其制定的生产安全事故应急救援预案按照国家有关规定报送县级以上人民政府负有安全生产监督管理职责的部门备案，并依法向社会公布。

第八条 县级以上地方人民政府以及县级以上人民政府负有安全生产监督管理职责的部门，乡、镇人民政府以及街道办事处等地方人民政府派出机关，应当至少每2年组织1次生产安全事故应急救援预案演练。

易燃易爆物品、危险化学品等危险物品的生产、经营、储存、运输单位，矿山、金属冶炼、城市轨道交通运营、建筑施工单位，以及宾馆、商场、娱乐场所、旅游景区等人员密集场所经营单位，应当至少每半年组织1次生产安全事故应急救援预案演练，并将演练情况报送所在地县级以上地方人民政府负有安全生产监督管理职责的部门。

县级以上地方人民政府负有安全生产监督管理职责的部门应当对本行政区域内前款规定的重点生产经营单位的生产安全事故应急救援预案演练进行抽查；发现演练不符合要求的，应当责令限期改正。

第九条 县级以上人民政府应当加强对生产安全事故应急救援队伍建设的统一规划、组织和指导。

县级以上人民政府负有安全生产监督管理职责的部门根据生产安全事故应急工作的实际需要，在重点行业、领域单独建立或者依托有条件的生产经营单位、社会组织共同建立应急救援队伍。

国家鼓励和支持生产经营单位和其他社会力量建立提供社会化应急救援服务的应急救援队伍。

第十条 易燃易爆物品、危险化学品等危险物品的生产、经营、储存、运输单位，矿山、金属冶炼、城市轨道交通运营、建筑施工单位，以及宾馆、商场、娱乐场所、旅游景区等人员密集场所经营单位，应当建立应急救援队伍；其中，小型企业或者微型企业等规模较小的生产经营单位，可以不建立应急救援队伍，但应当指定兼职的应急救援人员，并且可以与邻近的应急救援队伍签订应急救援协议。

工业园区、开发区等产业聚集区域内的生产经营单位，可以联合建立应急救援队伍。

第十一条 应急救援队伍的应急救援人员应当具备必要的专业知识、技能、身体素质和心理素质。

应急救援队伍建立单位或者兼职应急救援人员所在单位应当按照国家有关规定对应急救援人员进行培训；应急救援人员经培训合格后，方可参加应急救援工作。

应急救援队伍应当配备必要的应急救援装备和物资，并定期组织训练。

第十二条 生产经营单位应当及时将本单位应急救援队伍建立情况按照国家有关规定报送县级以上人民政府负有安全生产监督管理职责的部门，并依法向社会公布。

县级以上人民政府负有安全生产监督管理职责的部门应当定期将本行业、本领域的应急救援队伍建立情况报送本级人民政府，并依法向社会公布。

第十三条 县级以上地方人民政府应当根据本行政区域内可能发生的生产安全事故的特点和危害，储备必要的应急救援装备和物资，并及时更新和补充。

易燃易爆物品、危险化学品等危险物品的生产、经营、储存、运输单位，矿山、金属冶炼、城市轨道交通运营、建筑施工单位，以及宾馆、商场、娱乐场所、旅游景区等人员密集场所经营单位，应当根据本单位可能发生的生产安全事故的特点和危害，配备必要的灭火、排水、通风以及危险物品稀释、掩埋、收集等应急救援器材、设备和物资，并进行经常性维护、保养，保证正常运转。

第十四条 下列单位应当建立应急值班制度，配备应急值班人员：

（一）县级以上人民政府及其负有安全生产监督管理职责的部门；

（二）危险物品的生产、经营、储存、运输单位以及矿山、金属冶炼、城市轨道交通运营、建筑施工单位；

（三）应急救援队伍。

规模较大、危险性较高的易燃易爆物品、危险化学品等危险物品的生产、经营、储存、运输单位应当成立应急处置技术组，实行24小时应急值班。

第十五条 生产经营单位应当对从业人员进行应急教育和培训，保证从业人员具备必要的应急知识，掌握风险防范技能和事故应急措施。

第十六条 国务院负有安全生产监督管理职责的部门应当按照国家有关规定建立生产安全事故应急救援信息系统，并采取有效措施，实现数据互联互通、信息共享。

生产经营单位可以通过生产安全事故应急救援信息系统办理生产安全事故应急救援预案备案手续，报送应急救援预案演练情况和应急救援队伍建设情况；但依法需要保密的除外。

第三章 应急救援

第十七条 发生生产安全事故后，生产经营单位应当立即启动生产安全事故应急救援预案，采取下列一项或者多项应急救援措施，并按照国家有关规定报告事故情况：

（一）迅速控制危险源，组织抢救遇险人员；

（二）根据事故危害程度，组织现场人员撤离或者采取可能的应急措施后撤离；

（三）及时通知可能受到事故影响的单位和人员；

（四）采取必要措施，防止事故危害扩大和次生、衍生灾害发生；

（五）根据需要请求邻近的应急救援队伍参加救援，并向参加救援的应急救援队伍提供相关技术资料、信息和处置方法；

（六）维护事故现场秩序，保护事故现场和相关证据；

（七）法律、法规规定的其他应急救援措施。

第十八条 有关地方人民政府及其部门接到生产安全事故报告后，应当按照国家有关规定上报事故情况，启动相应的生产安全事故应急救援预案，并按照应急救援预案的规定采取下列一项或者多项应急救援措施：

（一）组织抢救遇险人员，救治受伤人员，研判事故发展趋势以及可能造成的危害；

（二）通知可能受到事故影响的单位和人员，隔离事故现场，划定警戒区域，疏散受到威胁的人员，实施交通管制；

（三）采取必要措施，防止事故危害扩大和次生、衍生灾害发生，避免或者减少事故对环境造成的危害；

（四）依法发布调用和征用应急资源的决定；

（五）依法向应急救援队伍下达救援命令；

（六）维护事故现场秩序，组织安抚遇险人员和遇险遇难人员亲属；

（七）依法发布有关事故情况和应急救援工作的信息；

（八）法律、法规规定的其他应急救援措施。

有关地方人民政府不能有效控制生产安全事故的，应当及时向上级人民政府报告。上级人民政府应当及时采取措施，统一指挥应急救援。

第十九条 应急救援队伍接到有关人民政府及其部门的救援命

令或者签有应急救援协议的生产经营单位的救援请求后，应当立即参加生产安全事故应急救援。

应急救援队伍根据救援命令参加生产安全事故应急救援所耗费用，由事故责任单位承担；事故责任单位无力承担的，由有关人民政府协调解决。

第二十条 发生生产安全事故后，有关人民政府认为有必要的，可以设立由本级人民政府及其有关部门负责人、应急救援专家、应急救援队伍负责人、事故发生单位负责人等人员组成的应急救援现场指挥部，并指定现场指挥部总指挥。

第二十一条 现场指挥部实行总指挥负责制，按照本级人民政府的授权组织制定并实施生产安全事故现场应急救援方案，协调、指挥有关单位和个人参加现场应急救援。

参加生产安全事故现场应急救援的单位和个人应当服从现场指挥部的统一指挥。

第二十二条 在生产安全事故应急救援过程中，发现可能直接危及应急救援人员生命安全的紧急情况时，现场指挥部或者统一指挥应急救援的人民政府应当立即采取相应措施消除隐患，降低或者化解风险，必要时可以暂时撤离应急救援人员。

第二十三条 生产安全事故发生地人民政府应当为应急救援人员提供必需的后勤保障，并组织通信、交通运输、医疗卫生、气象、水文、地质、电力、供水等单位协助应急救援。

第二十四条 现场指挥部或者统一指挥生产安全事故应急救援的人民政府及其有关部门应当完整、准确地记录应急救援的重要事项，妥善保存相关原始资料和证据。

第二十五条 生产安全事故的威胁和危害得到控制或者消除后，有关人民政府应当决定停止执行依照本条例和有关法律、法规采取的全部或者部分应急救援措施。

第二十六条 有关人民政府及其部门根据生产安全事故应急救援需要依法调用和征用的财产，在使用完毕或者应急救援结束后，应当及时归还。财产被调用、征用或者调用、征用后毁损、灭失的，有关人民政府及其部门应当按照国家有关规定给予补偿。

第二十七条 按照国家有关规定成立的生产安全事故调查组应当对应急救援工作进行评估，并在事故调查报告中作出评估结论。

第二十八条 县级以上地方人民政府应当按照国家有关规定，对在生产安全事故应急救援中伤亡的人员及时给予救治和抚恤；符合烈士评定条件的，按照国家有关规定评定为烈士。

第四章 法律责任

第二十九条 地方各级人民政府和街道办事处等地方人民政府派出机关以及县级以上人民政府有关部门违反本条例规定的，由其上级行政机关责令改正；情节严重的，对直接负责的主管人员和其他直接责任人员依法给予处分。

第三十条 生产经营单位未制定生产安全事故应急救援预案、未定期组织应急救援预案演练、未对从业人员进行应急教育和培训，生产经营单位的主要负责人在本单位发生生产安全事故时不立即组织抢救的，由县级以上人民政府负有安全生产监督管理职责的部门依照《中华人民共和国安全生产法》有关规定追究法律责任。

第三十一条 生产经营单位未对应急救援器材、设备和物资进行经常性维护、保养，导致发生严重生产安全事故或者生产安全事故危害扩大，或者在本单位发生生产安全事故后未立即采取相应的应急救援措施，造成严重后果的，由县级以上人民政府负有安全生产监督管理职责的部门依照《中华人民共和国突发事件应对法》有关规定追究法律责任。

第三十二条 生产经营单位未将生产安全事故应急救援预案报送备案、未建立应急值班制度或者配备应急值班人员的，由县级以上人民政府负有安全生产监督管理职责的部门责令限期改正；逾期未改正的，处3万元以上5万元以下的罚款，对直接负责的主管人员和其他直接责任人员处1万元以上2万元以下的罚款。

第三十三条 违反本条例规定，构成违反治安管理行为的，由公安机关依法给予处罚；构成犯罪的，依法追究刑事责任。

第五章 附 则

第三十四条 储存、使用易燃易爆物品、危险化学品等危险物品的科研机构、学校、医院等单位的安全事故应急工作，参照本条例有关规定执行。

第三十五条 本条例自2019年4月1日起施行。

安全生产许可证条例

（2004年1月13日国务院令第397号公布 根据2013年7月18日《国务院关于废止和修改部分行政法规的决定》第一次修订 根据2014年7月29日《国务院关于修改部分行政法规的决定》第二次修订）

第一条 为了严格规范安全生产条件，进一步加强安全生产监督管理，防止和减少生产安全事故，根据《中华人民共和国安全生产法》的有关规定，制定本条例。

第二条 国家对矿山企业、建筑施工企业和危险化学品、烟花爆竹、民用爆炸物品生产企业（以下统称企业）实行安全生产许可制度。

企业未取得安全生产许可证的，不得从事生产活动。

第三条 国务院安全生产监督管理部门负责中央管理的非煤矿矿山企业和危险化学品、烟花爆竹生产企业安全生产许可证的颁发和管理。

省、自治区、直辖市人民政府安全生产监督管理部门负责前款规定以外的非煤矿矿山企业和危险化学品、烟花爆竹生产企业安全生产许可证的颁发和管理，并接受国务院安全生产监督管理部门的指导和监督。

国家煤矿安全监察机构负责中央管理的煤矿企业安全生产许可证的颁发和管理。

在省、自治区、直辖市设立的煤矿安全监察机构负责前款规定以外的其他煤矿企业安全生产许可证的颁发和管理，并接受国家煤矿安全监察机构的指导和监督。

第四条 省、自治区、直辖市人民政府建设主管部门负责建筑施工企业安全生产许可证的颁发和管理，并接受国务院建设主管部门的指导和监督。

第五条 省、自治区、直辖市人民政府民用爆炸物品行业主管部门负责民用爆炸物品生产企业安全生产许可证的颁发和管理，并接受国务院民用爆炸物品行业主管部门的指导和监督。

第六条 企业取得安全生产许可证，应当具备下列安全生产条件：

（一）建立、健全安全生产责任制，制定完备的安全生产规章制度和操作规程；

（二）安全投入符合安全生产要求；

（三）设置安全生产管理机构，配备专职安全生产管理人员；

（四）主要负责人和安全生产管理人员经考核合格；

（五）特种作业人员经有关业务主管部门考核合格，取得特种作业操作资格证书；

（六）从业人员经安全生产教育和培训合格；

（七）依法参加工伤保险，为从业人员缴纳保险费；

（八）厂房、作业场所和安全设施、设备、工艺符合有关安全生产法律、法规、标准和规程的要求；

（九）有职业危害防治措施，并为从业人员配备符合国家标准或者行业标准的劳动防护用品；

（十）依法进行安全评价；

（十一）有重大危险源检测、评估、监控措施和应急预案；

（十二）有生产安全事故应急救援预案、应急救援组织或者应急救援人员，配备必要的应急救援器材、设备；

（十三）法律、法规规定的其他条件。

第七条 企业进行生产前，应当依照本条例的规定向安全生产许可证颁发管理机关申请领取安全生产许可证，并提供本条例第六条规定的相关文件、资料。安全生产许可证颁发管理机关应当自收到申请之日起45日内审查完毕，经审查符合本条例规定的安全生产条件的，颁发安全生产许可证；不符合本条例规定的安全生产条件的，不予颁发安全生产许可证，书面通知企业并说明理由。

煤矿企业应当以矿（井）为单位，依照本条例的规定取得安全生产许可证。

第八条 安全生产许可证由国务院安全生产监督管理部门规定统一的式样。

第九条 安全生产许可证的有效期为3年。安全生产许可证有效期满需要延期的，企业应当于期满前3个月向原安全生产许可证颁发管理机关办理延期手续。

企业在安全生产许可证有效期内，严格遵守有关安全生产的法律法规，未发生死亡事故的，安全生产许可证有效期届满时，经原安全生产许可证颁发管理机关同意，不再审查，安全生产许可证有效期延期3年。

第十条 安全生产许可证颁发管理机关应当建立、健全安全生产许可证档案管理制度，并定期向社会公布企业取得安全生产许可证的情况。

第十一条 煤矿企业安全生产许可证颁发管理机关、建筑施工企业安全生产许可证颁发管理机关、民用爆炸物品生产企业安全生产许可证颁发管理机关，应当每年向同级安全生产监督管理部门通报其安全生产许可证颁发和管理情况。

第十二条 国务院安全生产监督管理部门和省、自治区、直辖市人民政府安全生产监督管理部门对建筑施工企业、民用爆炸物品生产企业、煤矿企业取得安全生产许可证的情况进行监督。

第十三条 企业不得转让、冒用安全生产许可证或者使用伪造的安全生产许可证。

第十四条 企业取得安全生产许可证后，不得降低安全生产条件，并应当加强日常安全生产管理，接受安全生产许可证颁发管理机关的监督检查。

安全生产许可证颁发管理机关应当加强对取得安全生产许可证的企业的监督检查，发现其不再具备本条例规定的安全生产条件的，应当暂扣或者吊销安全生产许可证。

第十五条 安全生产许可证颁发管理机关工作人员在安全生产许可证颁发、管理和监督检查工作中，不得索取或者接受企业的财物，不得谋取其他利益。

第十六条 监察机关依照《中华人民共和国行政监察法》的规定，对安全生产许可证颁发管理机关及其工作人员履行本条例规定的职责实施监察。

第十七条 任何单位或者个人对违反本条例规定的行为，有权向安全生产许可证颁发管理机关或者监察机关等有关部门举报。

第十八条 安全生产许可证颁发管理机关工作人员有下列行为之一的，给予降级或者撤职的行政处分；构成犯罪的，依法追究刑事责任：

（一）向不符合本条例规定的安全生产条件的企业颁发安全生产许可证的；

（二）发现企业未依法取得安全生产许可证擅自从事生产活动，不依法处理的；

（三）发现取得安全生产许可证的企业不再具备本条例规定的安全生产条件，不依法处理的；

（四）接到对违反本条例规定行为的举报后，不及时处理的；

（五）在安全生产许可证颁发、管理和监督检查工作中，索取或者接受企业的财物，或者谋取其他利益的。

第十九条 违反本条例规定，未取得安全生产许可证擅自进行生产的，责令停止生产，没收违法所得，并处10万元以上50万元以下的罚款；造成重大事故或者其他严重后果，构成犯罪的，依法追究刑事责任。

第二十条 违反本条例规定，安全生产许可证有效期满未办理延期手续，继续进行生产的，责令停止生产，限期补办延期手续，没收违法所得，并处5万元以上10万元以下的罚款；逾期仍不办理延期手续，继续进行生产的，依照本条例第十九条的规定处罚。

第二十一条 违反本条例规定，转让安全生产许可证的，没收违法所得，处10万元以上50万元以下的罚款，并吊销其安全生产许可证；构成犯罪的，依法追究刑事责任；接受转让的，依照本条例第十九条的规定处罚。

冒用安全生产许可证或者使用伪造的安全生产许可证的，依照本条例第十九条的规定处罚。

第二十二条 本条例施行前已经进行生产的企业，应当自本条例施行之日起1年内，依照本条例的规定向安全生产许可证颁发管理机关申请办理安全生产许可证；逾期不办理安全生产许可证，或者经审查不符合本条例规定的安全生产条件，未取得安全生产许可证，继续进行生产的，依照本条例第十九条的规定处罚。

第二十三条 本条例规定的行政处罚，由安全生产许可证颁发管理机关决定。

第二十四条 本条例自公布之日起施行。

生产安全事故报告和调查处理条例

（2007年4月9日国务院令第493号公布　自2007年6月1日起施行）

第一章　总　　则

第一条　为了规范生产安全事故的报告和调查处理，落实生产安全事故责任追究制度，防止和减少生产安全事故，根据《中华人民共和国安全生产法》和有关法律，制定本条例。

第二条　生产经营活动中发生的造成人身伤亡或者直接经济损失的生产安全事故的报告和调查处理，适用本条例；环境污染事故、核设施事故、国防科研生产事故的报告和调查处理不适用本条例。

第三条　根据生产安全事故（以下简称事故）造成的人员伤亡或者直接经济损失，事故一般分为以下等级：

（一）特别重大事故，是指造成30人以上死亡，或者100人以上重伤（包括急性工业中毒，下同），或者1亿元以上直接经济损失的事故；

（二）重大事故，是指造成10人以上30人以下死亡，或者50人以上100人以下重伤，或者5000万元以上1亿元以下直接经济损失的事故；

（三）较大事故，是指造成3人以上10人以下死亡，或者10人以上50人以下重伤，或者1000万元以上5000万元以下直接经济损失的事故；

（四）一般事故，是指造成3人以下死亡，或者10人以下重伤，或者1000万元以下直接经济损失的事故。

国务院安全生产监督管理部门可以会同国务院有关部门，制定事故等级划分的补充性规定。

本条第一款所称的“以上”包括本数，所称的“以下”不包括本数。

第四条 事故报告应当及时、准确、完整，任何单位和个人对事故不得迟报、漏报、谎报或者瞒报。

事故调查处理应当坚持实事求是、尊重科学的原则，及时、准确地查清事故经过、事故原因和事故损失，查明事故性质，认定事故责任，总结事故教训，提出整改措施，并对事故责任者依法追究责任。

第五条 县级以上人民政府应当依照本条例的规定，严格履行职责，及时、准确地完成事故调查处理工作。

事故发生地有关地方人民政府应当支持、配合上级人民政府或者有关部门的事故调查处理工作，并提供必要的便利条件。

参加事故调查处理的部门和单位应当互相配合，提高事故调查处理工作的效率。

第六条 工会依法参加事故调查处理，有权向有关部门提出处理意见。

第七条 任何单位和个人不得阻挠和干涉对事故的报告和依法调查处理。

第八条 对事故报告和调查处理中的违法行为，任何单位和个人有权向安全生产监督管理部门、监察机关或者其他有关部门举报，接到举报的部门应当依法及时处理。

第二章 事故报告

第九条 事故发生后，事故现场有关人员应当立即向本单位负责人报告；单位负责人接到报告后，应当于1小时内向事故发生地县级以上人民政府安全生产监督管理部门和负有安全生产监督管理职责的有关部门报告。

情况紧急时，事故现场有关人员可以直接向事故发生地县级以上人民政府安全生产监督管理部门和负有安全生产监督管理职责的有关部门报告。

第十条 安全生产监督管理部门和负有安全生产监督管理职责的有关部门接到事故报告后，应当依照下列规定上报事故情况，并通知公安机关、劳动保障行政部门、工会和人民检察院：

（一）特别重大事故、重大事故逐级上报至国务院安全生产监督管理部门和负有安全生产监督管理职责的有关部门；

（二）较大事故逐级上报至省、自治区、直辖市人民政府安全生产监督管理部门和负有安全生产监督管理职责的有关部门；

（三）一般事故上报至设区的市级人民政府安全生产监督管理部门和负有安全生产监督管理职责的有关部门。

安全生产监督管理部门和负有安全生产监督管理职责的有关部门依照前款规定上报事故情况，应当同时报告本级人民政府。国务院安全生产监督管理部门和负有安全生产监督管理职责的有关部门以及省级人民政府接到发生特别重大事故、重大事故的报告后，应当立即报告国务院。

必要时，安全生产监督管理部门和负有安全生产监督管理职责的有关部门可以越级上报事故情况。

第十一条 安全生产监督管理部门和负有安全生产监督管理职责的有关部门逐级上报事故情况，每级上报的时间不得超过2小时。

第十二条 报告事故应当包括下列内容：

（一）事故发生单位概况；

（二）事故发生的时间、地点以及事故现场情况；

（三）事故的简要经过；

（四）事故已经造成或者可能造成的伤亡人数（包括下落不明的人数）和初步估计的直接经济损失；

（五）已经采取的措施；

（六）其他应当报告的情况。

第十三条 事故报告后出现新情况的，应当及时补报。

自事故发生之日起30日内，事故造成的伤亡人数发生变化的，应当及时补报。道路交通事故、火灾事故自发生之日起7日内，事故造成的伤亡人数发生变化的，应当及时补报。

第十四条 事故发生单位负责人接到事故报告后，应当立即启动事故相应应急预案，或者采取有效措施，组织抢救，防止事故扩大，减少人员伤亡和财产损失。

第十五条 事故发生地有关地方人民政府、安全生产监督管理部门和负有安全生产监督管理职责的有关部门接到事故报告后，其负责人应当立即赶赴事故现场，组织事故救援。

第十六条 事故发生后，有关单位和人员应当妥善保护事故现场以及相关证据，任何单位和个人不得破坏事故现场、毁灭相关证据。

因抢救人员、防止事故扩大以及疏通交通等原因，需要移动事故现场物件的，应当做出标志，绘制现场简图并做出书面记录，妥善保存现场重要痕迹、物证。

第十七条 事故发生地公安机关根据事故的情况，对涉嫌犯罪的，应当依法立案侦查，采取强制措施和侦查措施。犯罪嫌疑人逃匿的，公安机关应当迅速追捕归案。

第十八条 安全生产监督管理部门和负有安全生产监督管理职责的有关部门应当建立值班制度，并向社会公布值班电话，受理事故报告和举报。

第三章 事故调查

第十九条 特别重大事故由国务院或者国务院授权有关部门组织事故调查组进行调查。

重大事故、较大事故、一般事故分别由事故发生地省级人民政府、设区的市级人民政府、县级人民政府负责调查。省级人民政府、设区的市级人民政府、县级人民政府可以直接组织事故调查组进行调查，也可以授权或者委托有关部门组织事故调查组进行调查。

未造成人员伤亡的一般事故，县级人民政府也可以委托事故发生单位组织事故调查组进行调查。

第二十条 上级人民政府认为必要时，可以调查由下级人民政府负责调查的事故。

自事故发生之日起30日内（道路交通事故、火灾事故自发生之日起7日内），因事故伤亡人数变化导致事故等级发生变化，依照本条例规定应当由上级人民政府负责调查的，上级人民政府可以另行组织事故调查组进行调查。

第二十一条 特别重大事故以下等级事故，事故发生地与事故发生单位不在同一个县级以上行政区域的，由事故发生地人民政府负责调查，事故发生单位所在地人民政府应当派人参加。

第二十二条 事故调查组的组成应当遵循精简、效能的原则。

根据事故的具体情况，事故调查组由有关人民政府、安全生产监督管理部门、负有安全生产监督管理职责的有关部门、监察机关、公安机关以及工会派人组成，并应当邀请人民检察院派人参加。

事故调查组可以聘请有关专家参与调查。

第二十三条 事故调查组成员应当具有事故调查所需要的知识和专长，并与所调查的事故没有直接利害关系。

第二十四条 事故调查组组长由负责事故调查的人民政府指定。事故调查组组长主持事故调查组的工作。

第二十五条 事故调查组履行下列职责：

（一）查明事故发生的经过、原因、人员伤亡情况及直接经济损失；

（二）认定事故的性质和事故责任；

（三）提出对事故责任者的处理建议；

（四）总结事故教训，提出防范和整改措施；

（五）提交事故调查报告。

第二十六条 事故调查组有权向有关单位和个人了解与事故有

关的情况，并要求其提供相关文件、资料，有关单位和个人不得拒绝。

事故发生单位的负责人和有关人员在事故调查期间不得擅离职守，并应当随时接受事故调查组的询问，如实提供有关情况。

事故调查中发现涉嫌犯罪的，事故调查组应当及时将有关材料或者其复印件移交司法机关处理。

第二十七条 事故调查中需要进行技术鉴定的，事故调查组应当委托具有国家规定资质的单位进行技术鉴定。必要时，事故调查组可以直接组织专家进行技术鉴定。技术鉴定所需时间不计入事故调查期限。

第二十八条 事故调查组成员在事故调查工作中应当诚信公正、恪尽职守，遵守事故调查组的纪律，保守事故调查的秘密。

未经事故调查组组长允许，事故调查组成员不得擅自发布有关事故的信息。

第二十九条 事故调查组应当自事故发生之日起60日内提交事故调查报告；特殊情况下，经负责事故调查的人民政府批准，提交事故调查报告的期限可以适当延长，但延长的期限最长不超过60日。

第三十条 事故调查报告应当包括下列内容：

（一）事故发生单位概况；

（二）事故发生经过和事故救援情况；

（三）事故造成的人员伤亡和直接经济损失；

（四）事故发生的原因和事故性质；

（五）事故责任的认定以及对事故责任者的处理建议；

（六）事故防范和整改措施。

事故调查报告应当附具有关证据材料。事故调查组成员应当在事故调查报告上签名。

第三十一条 事故调查报告报送负责事故调查的人民政府后，事故调查工作即告结束。事故调查的有关资料应当归档保存。

第四章　事故处理

第三十二条　重大事故、较大事故、一般事故，负责事故调查的人民政府应当自收到事故调查报告之日起15日内做出批复；特别重大事故，30日内做出批复，特殊情况下，批复时间可以适当延长，但延长的时间最长不超过30日。

有关机关应当按照人民政府的批复，依照法律、行政法规规定的权限和程序，对事故发生单位和有关人员进行行政处罚，对负有事故责任的国家工作人员进行处分。

事故发生单位应当按照负责事故调查的人民政府的批复，对本单位负有事故责任的人员进行处理。

负有事故责任的人员涉嫌犯罪的，依法追究刑事责任。

第三十三条　事故发生单位应当认真吸取事故教训，落实防范和整改措施，防止事故再次发生。防范和整改措施的落实情况应当接受工会和职工的监督。

安全生产监督管理部门和负有安全生产监督管理职责的有关部门应当对事故发生单位落实防范和整改措施的情况进行监督检查。

第三十四条　事故处理的情况由负责事故调查的人民政府或者其授权的有关部门、机构向社会公布，依法应当保密的除外。

第五章　法律责任

第三十五条　事故发生单位主要负责人有下列行为之一的，处上一年年收入40%至80%的罚款；属于国家工作人员的，并依法给予处分；构成犯罪的，依法追究刑事责任：

（一）不立即组织事故抢救的；

（二）迟报或者漏报事故的；

（三）在事故调查处理期间擅离职守的。

第三十六条　事故发生单位及其有关人员有下列行为之一的，

对事故发生单位处100万元以上500万元以下的罚款；对主要负责人、直接负责的主管人员和其他直接责任人员处上一年年收入60%至100%的罚款；属于国家工作人员的，并依法给予处分；构成违反治安管理行为的，由公安机关依法给予治安管理处罚；构成犯罪的，依法追究刑事责任：

（一）谎报或者瞒报事故的；

（二）伪造或者故意破坏事故现场的；

（三）转移、隐匿资金、财产，或者销毁有关证据、资料的；

（四）拒绝接受调查或者拒绝提供有关情况和资料的；

（五）在事故调查中作伪证或者指使他人作伪证的；

（六）事故发生后逃匿的。

第三十七条 事故发生单位对事故发生负有责任的，依照下列规定处以罚款：

（一）发生一般事故的，处10万元以上20万元以下的罚款；

（二）发生较大事故的，处20万元以上50万元以下的罚款；

（三）发生重大事故的，处50万元以上200万元以下的罚款；

（四）发生特别重大事故的，处200万元以上500万元以下的罚款。

第三十八条 事故发生单位主要负责人未依法履行安全生产管理职责，导致事故发生的，依照下列规定处以罚款；属于国家工作人员的，并依法给予处分；构成犯罪的，依法追究刑事责任：

（一）发生一般事故的，处上一年年收入30%的罚款；

（二）发生较大事故的，处上一年年收入40%的罚款；

（三）发生重大事故的，处上一年年收入60%的罚款；

（四）发生特别重大事故的，处上一年年收入80%的罚款。

第三十九条 有关地方人民政府、安全生产监督管理部门和负有安全生产监督管理职责的有关部门有下列行为之一的，对直接负责的主管人员和其他直接责任人员依法给予处分；构成犯罪的，依法追究刑事责任：

（一）不立即组织事故抢救的；

（二）迟报、漏报、谎报或者瞒报事故的；

（三）阻碍、干涉事故调查工作的；

（四）在事故调查中作伪证或者指使他人作伪证的。

第四十条 事故发生单位对事故发生负有责任的，由有关部门依法暂扣或者吊销其有关证照；对事故发生单位负有事故责任的有关人员，依法暂停或者撤销其与安全生产有关的执业资格、岗位证书；事故发生单位主要负责人受到刑事处罚或者撤职处分的，自刑罚执行完毕或者受处分之日起，5年内不得担任任何生产经营单位的主要负责人。

为发生事故的单位提供虚假证明的中介机构，由有关部门依法暂扣或者吊销其有关证照及其相关人员的执业资格；构成犯罪的，依法追究刑事责任。

第四十一条 参与事故调查的人员在事故调查中有下列行为之一的，依法给予处分；构成犯罪的，依法追究刑事责任：

（一）对事故调查工作不负责任，致使事故调查工作有重大疏漏的；

（二）包庇、袒护负有事故责任的人员或者借机打击报复的。

第四十二条 违反本条例规定，有关地方人民政府或者有关部门故意拖延或者拒绝落实经批复的对事故责任人的处理意见的，由监察机关对有关责任人员依法给予处分。

第四十三条 本条例规定的罚款的行政处罚，由安全生产监督管理部门决定。

法律、行政法规对行政处罚的种类、幅度和决定机关另有规定的，依照其规定。

第六章 附 则

第四十四条 没有造成人员伤亡，但是社会影响恶劣的事故，国务院或者有关地方人民政府认为需要调查处理的，依照本条例的有关规定执行。

国家机关、事业单位、人民团体发生的事故的报告和调查处理，参照本条例的规定执行。

第四十五条 特别重大事故以下等级事故的报告和调查处理，有关法律、行政法规或者国务院另有规定的，依照其规定。

第四十六条 本条例自2007年6月1日起施行。国务院1989年3月29日公布的《特别重大事故调查程序暂行规定》和1991年2月22日公布的《企业职工伤亡事故报告和处理规定》同时废止。

生产安全事故应急预案管理办法

（2016年6月3日国家安全生产监督管理总局令第88号公布　根据2019年7月11日应急管理部《关于修改〈生产安全事故应急预案管理办法〉的决定》修订）

第一章　总　　则

第一条 为规范生产安全事故应急预案管理工作，迅速有效处置生产安全事故，依据《中华人民共和国突发事件应对法》《中华人民共和国安全生产法》《生产安全事故应急条例》等法律、行政法规和《突发事件应急预案管理办法》（国办发〔2013〕101号），制定本办法。

第二条 生产安全事故应急预案（以下简称应急预案）的编制、评审、公布、备案、实施及监督管理工作，适用本办法。

第三条 应急预案的管理实行属地为主、分级负责、分类指导、综合协调、动态管理的原则。

第四条 应急管理部负责全国应急预案的综合协调管理工作。国务院其他负有安全生产监督管理职责的部门在各自职责范围内，负责相关行业、领域应急预案的管理工作。

县级以上地方各级人民政府应急管理部门负责本行政区域内应

急预案的综合协调管理工作。县级以上地方各级人民政府其他负有安全生产监督管理职责的部门按照各自的职责负责有关行业、领域应急预案的管理工作。

第五条 生产经营单位主要负责人负责组织编制和实施本单位的应急预案，并对应急预案的真实性和实用性负责；各分管负责人应当按照职责分工落实应急预案规定的职责。

第六条 生产经营单位应急预案分为综合应急预案、专项应急预案和现场处置方案。

综合应急预案，是指生产经营单位为应对各种生产安全事故而制定的综合性工作方案，是本单位应对生产安全事故的总体工作程序、措施和应急预案体系的总纲。

专项应急预案，是指生产经营单位为应对某一种或者多种类型生产安全事故，或者针对重要生产设施、重大危险源、重大活动防止生产安全事故而制定的专项性工作方案。

现场处置方案，是指生产经营单位根据不同生产安全事故类型，针对具体场所、装置或者设施所制定的应急处置措施。

第二章　应急预案的编制

第七条 应急预案的编制应当遵循以人为本、依法依规、符合实际、注重实效的原则，以应急处置为核心，明确应急职责、规范应急程序、细化保障措施。

第八条 应急预案的编制应当符合下列基本要求：

（一）有关法律、法规、规章和标准的规定；

（二）本地区、本部门、本单位的安全生产实际情况；

（三）本地区、本部门、本单位的危险性分析情况；

（四）应急组织和人员的职责分工明确，并有具体的落实措施；

（五）有明确、具体的应急程序和处置措施，并与其应急能力相适应；

（六）有明确的应急保障措施，满足本地区、本部门、本单位的应急工作需要；

（七）应急预案基本要素齐全、完整，应急预案附件提供的信息准确；

（八）应急预案内容与相关应急预案相互衔接。

第九条 编制应急预案应当成立编制工作小组，由本单位有关负责人任组长，吸收与应急预案有关的职能部门和单位的人员，以及有现场处置经验的人员参加。

第十条 编制应急预案前，编制单位应当进行事故风险辨识、评估和应急资源调查。

事故风险辨识、评估，是指针对不同事故种类及特点，识别存在的危险危害因素，分析事故可能产生的直接后果以及次生、衍生后果，评估各种后果的危害程度和影响范围，提出防范和控制事故风险措施的过程。

应急资源调查，是指全面调查本地区、本单位第一时间可以调用的应急资源状况和合作区域内可以请求援助的应急资源状况，并结合事故风险辨识评估结论制定应急措施的过程。

第十一条 地方各级人民政府应急管理部门和其他负有安全生产监督管理职责的部门应当根据法律、法规、规章和同级人民政府以及上一级人民政府应急管理部门和其他负有安全生产监督管理职责的部门的应急预案，结合工作实际，组织编制相应的部门应急预案。

部门应急预案应当根据本地区、本部门的实际情况，明确信息报告、响应分级、指挥权移交、警戒疏散等内容。

第十二条 生产经营单位应当根据有关法律、法规、规章和相关标准，结合本单位组织管理体系、生产规模和可能发生的事故特点，与相关预案保持衔接，确立本单位的应急预案体系，编制相应的应急预案，并体现自救互救和先期处置等特点。

第十三条 生产经营单位风险种类多、可能发生多种类型事故的，应当组织编制综合应急预案。

综合应急预案应当规定应急组织机构及其职责、应急预案体系、事故风险描述、预警及信息报告、应急响应、保障措施、应急预案管理等内容。

第十四条 对于某一种或者多种类型的事故风险，生产经营单位可以编制相应的专项应急预案，或将专项应急预案并入综合应急预案。

专项应急预案应当规定应急指挥机构与职责、处置程序和措施等内容。

第十五条 对于危险性较大的场所、装置或者设施，生产经营单位应当编制现场处置方案。

现场处置方案应当规定应急工作职责、应急处置措施和注意事项等内容。

事故风险单一、危险性小的生产经营单位，可以只编制现场处置方案。

第十六条 生产经营单位应急预案应当包括向上级应急管理机构报告的内容、应急组织机构和人员的联系方式、应急物资储备清单等附件信息。附件信息发生变化时，应当及时更新，确保准确有效。

第十七条 生产经营单位组织应急预案编制过程中，应当根据法律、法规、规章的规定或者实际需要，征求相关应急救援队伍、公民、法人或者其他组织的意见。

第十八条 生产经营单位编制的各类应急预案之间应当相互衔接，并与相关人民政府及其部门、应急救援队伍和涉及的其他单位的应急预案相衔接。

第十九条 生产经营单位应当在编制应急预案的基础上，针对工作场所、岗位的特点，编制简明、实用、有效的应急处置卡。

应急处置卡应当规定重点岗位、人员的应急处置程序和措施，以及相关联络人员和联系方式，便于从业人员携带。

第三章　应急预案的评审、公布和备案

第二十条　地方各级人民政府应急管理部门应当组织有关专家对本部门编制的部门应急预案进行审定；必要时，可以召开听证会，听取社会有关方面的意见。

第二十一条　矿山、金属冶炼企业和易燃易爆物品、危险化学品的生产、经营（带储存设施的，下同）、储存、运输企业，以及使用危险化学品达到国家规定数量的化工企业、烟花爆竹生产、批发经营企业和中型规模以上的其他生产经营单位，应当对本单位编制的应急预案进行评审，并形成书面评审纪要。

前款规定以外的其他生产经营单位可以根据自身需要，对本单位编制的应急预案进行论证。

第二十二条　参加应急预案评审的人员应当包括有关安全生产及应急管理方面的专家。

评审人员与所评审应急预案的生产经营单位有利害关系的，应当回避。

第二十三条　应急预案的评审或者论证应当注重基本要素的完整性、组织体系的合理性、应急处置程序和措施的针对性、应急保障措施的可行性、应急预案的衔接性等内容。

第二十四条　生产经营单位的应急预案经评审或者论证后，由本单位主要负责人签署，向本单位从业人员公布，并及时发放到本单位有关部门、岗位和相关应急救援队伍。

事故风险可能影响周边其他单位、人员的，生产经营单位应当将有关事故风险的性质、影响范围和应急防范措施告知周边的其他单位和人员。

第二十五条　地方各级人民政府应急管理部门的应急预案，应当报同级人民政府备案，同时抄送上一级人民政府应急管理部门，并依法向社会公布。

地方各级人民政府其他负有安全生产监督管理职责的部门的应急预案，应当抄送同级人民政府应急管理部门。

第二十六条 易燃易爆物品、危险化学品等危险物品的生产、经营、储存、运输单位，矿山、金属冶炼、城市轨道交通运营、建筑施工单位，以及宾馆、商场、娱乐场所、旅游景区等人员密集场所经营单位，应当在应急预案公布之日起20个工作日内，按照分级属地原则，向县级以上人民政府应急管理部门和其他负有安全生产监督管理职责的部门进行备案，并依法向社会公布。

前款所列单位属于中央企业的，其总部（上市公司）的应急预案，报国务院主管的负有安全生产监督管理职责的部门备案，并抄送应急管理部；其所属单位的应急预案报所在地的省、自治区、直辖市或者设区的市级人民政府主管的负有安全生产监督管理职责的部门备案，并抄送同级人民政府应急管理部门。

本条第一款所列单位不属于中央企业的，其中非煤矿山、金属冶炼和危险化学品生产、经营、储存、运输企业，以及使用危险化学品达到国家规定数量的化工企业、烟花爆竹生产、批发经营企业的应急预案，按照隶属关系报所在地县级以上地方人民政府应急管理部门备案；本款前述单位以外的其他生产经营单位应急预案的备案，由省、自治区、直辖市人民政府负有安全生产监督管理职责的部门确定。

油气输送管道运营单位的应急预案，除按照本条第一款、第二款的规定备案外，还应当抄送所经行政区域的县级人民政府应急管理部门。

海洋石油开采企业的应急预案，除按照本条第一款、第二款的规定备案外，还应当抄送所经行政区域的县级人民政府应急管理部门和海洋石油安全监管机构。

煤矿企业的应急预案除按照本条第一款、第二款的规定备案外，还应当抄送所在地的煤矿安全监察机构。

第二十七条 生产经营单位申报应急预案备案，应当提交下列材料：

（一）应急预案备案申报表；

（二）本办法第二十一条所列单位，应当提供应急预案评审意见；

（三）应急预案电子文档；

（四）风险评估结果和应急资源调查清单。

第二十八条 受理备案登记的负有安全生产监督管理职责的部门应当在5个工作日内对应急预案材料进行核对，材料齐全的，应当予以备案并出具应急预案备案登记表；材料不齐全的，不予备案并一次性告知需要补齐的材料。逾期不予备案又不说明理由的，视为已经备案。

对于实行安全生产许可的生产经营单位，已经进行应急预案备案的，在申请安全生产许可证时，可以不提供相应的应急预案，仅提供应急预案备案登记表。

第二十九条 各级人民政府负有安全生产监督管理职责的部门应当建立应急预案备案登记建档制度，指导、督促生产经营单位做好应急预案的备案登记工作。

第四章 应急预案的实施

第三十条 各级人民政府应急管理部门、各类生产经营单位应当采取多种形式开展应急预案的宣传教育，普及生产安全事故避险、自救和互救知识，提高从业人员和社会公众的安全意识与应急处置技能。

第三十一条 各级人民政府应急管理部门应当将本部门应急预案的培训纳入安全生产培训工作计划，并组织实施本行政区域内重点生产经营单位的应急预案培训工作。

生产经营单位应当组织开展本单位的应急预案、应急知识、自救互救和避险逃生技能的培训活动，使有关人员了解应急预案内容，熟悉应急职责、应急处置程序和措施。

应急培训的时间、地点、内容、师资、参加人员和考核结果等情况应当如实记入本单位的安全生产教育和培训档案。

第三十二条 各级人民政府应急管理部门应当至少每两年组织一次应急预案演练，提高本部门、本地区生产安全事故应急处置能力。

第三十三条 生产经营单位应当制定本单位的应急预案演练计划，根据本单位的事故风险特点，每年至少组织一次综合应急预案演练或者专项应急预案演练，每半年至少组织一次现场处置方案演练。

易燃易爆物品、危险化学品等危险物品的生产、经营、储存、运输单位，矿山、金属冶炼、城市轨道交通运营、建筑施工单位，以及宾馆、商场、娱乐场所、旅游景区等人员密集场所经营单位，应当至少每半年组织一次生产安全事故应急预案演练，并将演练情况报送所在地县级以上地方人民政府负有安全生产监督管理职责的部门。

县级以上地方人民政府负有安全生产监督管理职责的部门应当对本行政区域内前款规定的重点生产经营单位的生产安全事故应急救援预案演练进行抽查；发现演练不符合要求的，应当责令限期改正。

第三十四条 应急预案演练结束后，应急预案演练组织单位应当对应急预案演练效果进行评估，撰写应急预案演练评估报告，分析存在的问题，并对应急预案提出修订意见。

第三十五条 应急预案编制单位应当建立应急预案定期评估制度，对预案内容的针对性和实用性进行分析，并对应急预案是否需要修订作出结论。

矿山、金属冶炼、建筑施工企业和易燃易爆物品、危险化学品等危险物品的生产、经营、储存、运输企业、使用危险化学品达到国家规定数量的化工企业、烟花爆竹生产、批发经营企业和中型规模以上的其他生产经营单位，应当每三年进行一次应急预案评估。

应急预案评估可以邀请相关专业机构或者有关专家、有实际应急救援工作经验的人员参加，必要时可以委托安全生产技术服务机构实施。

第三十六条 有下列情形之一的，应急预案应当及时修订并归档：

（一）依据的法律、法规、规章、标准及上位预案中的有关规定发生重大变化的；

（二）应急指挥机构及其职责发生调整的；

（三）安全生产面临的风险发生重大变化的；

（四）重要应急资源发生重大变化的；

（五）在应急演练和事故应急救援中发现需要修订预案的重大问题的；

（六）编制单位认为应当修订的其他情况。

第三十七条 应急预案修订涉及组织指挥体系与职责、应急处置程序、主要处置措施、应急响应分级等内容变更的，修订工作应当参照本办法规定的应急预案编制程序进行，并按照有关应急预案报备程序重新备案。

第三十八条 生产经营单位应当按照应急预案的规定，落实应急指挥体系、应急救援队伍、应急物资及装备，建立应急物资、装备配备及其使用档案，并对应急物资、装备进行定期检测和维护，使其处于适用状态。

第三十九条 生产经营单位发生事故时，应当第一时间启动应急响应，组织有关力量进行救援，并按照规定将事故信息及应急响应启动情况报告事故发生地县级以上人民政府应急管理部门和其他负有安全生产监督管理职责的部门。

第四十条 生产安全事故应急处置和应急救援结束后，事故发生单位应当对应急预案实施情况进行总结评估。

第五章 监督管理

第四十一条 各级人民政府应急管理部门和煤矿安全监察机构应当将生产经营单位应急预案工作纳入年度监督检查计划，明确检查的重点内容和标准，并严格按照计划开展执法检查。

第四十二条 地方各级人民政府应急管理部门应当每年对应急预案的监督管理工作情况进行总结，并报上一级人民政府应急管理部门。

第四十三条 对于在应急预案管理工作中做出显著成绩的单位和人员，各级人民政府应急管理部门、生产经营单位可以给予表彰和奖励。

第六章 法律责任

第四十四条 生产经营单位有下列情形之一的，由县级以上人民政府应急管理等部门依照《中华人民共和国安全生产法》第九十四条的规定，责令限期改正，可以处 5 万元以下罚款；逾期未改正的，责令停产停业整顿，并处 5 万元以上 10 万元以下的罚款，对直接负责的主管人员和其他直接责任人员处 1 万元以上 2 万元以下的罚款：

（一）未按照规定编制应急预案的；

（二）未按照规定定期组织应急预案演练的。

第四十五条 生产经营单位有下列情形之一的，由县级以上人民政府应急管理部门责令限期改正，可以处 1 万元以上 3 万元以下的罚款：

（一）在应急预案编制前未按照规定开展风险辨识、评估和应急资源调查的；

（二）未按照规定开展应急预案评审的；

（三）事故风险可能影响周边单位、人员的，未将事故风险的性质、影响范围和应急防范措施告知周边单位和人员的；

（四）未按照规定开展应急预案评估的；

（五）未按照规定进行应急预案修订的；

（六）未落实应急预案规定的应急物资及装备的。

生产经营单位未按照规定进行应急预案备案的，由县级以上人民政府应急管理等部门依照职责责令限期改正；逾期未改正的，处3万元以上5万元以下的罚款，对直接负责的主管人员和其他直接责任人员处1万元以上2万元以下的罚款。

第七章　附　　则

第四十六条　《生产经营单位生产安全事故应急预案备案申报表》和《生产经营单位生产安全事故应急预案备案登记表》由应急管理部统一制定。

第四十七条　各省、自治区、直辖市应急管理部门可以依据本办法的规定，结合本地区实际制定实施细则。

第四十八条　对储存、使用易燃易爆物品、危险化学品等危险物品的科研机构、学校、医院等单位的安全事故应急预案的管理，参照本办法的有关规定执行。

第四十九条　本办法自2016年7月1日起施行。

安全生产行政执法与刑事司法衔接工作办法

（2019年4月16日　应急〔2019〕54号）

第一章　总　　则

第一条　为了建立健全安全生产行政执法与刑事司法衔接工作机制，依法惩治安全生产违法犯罪行为，保障人民群众生命财产安全和社会稳定，依据《中华人民共和国刑法》《中华人民共和国刑事诉讼法》《中华人民共和国安全生产法》《中华人民共和国消防法》和《行政执法机关移送涉嫌犯罪案件的规定》《生产安全事故报告和调查处理条例》《最高人民法院最高人民检察院关于办理危害生产安全刑事案件适用法律若干问题的解释》等法律、行政法规、司法解释及有关规定，制定本办法。

第二条 本办法适用于应急管理部门、公安机关、人民法院、人民检察院办理的涉嫌安全生产犯罪案件。

应急管理部门查处违法行为时发现的涉嫌其他犯罪案件，参照本办法办理。

本办法所称应急管理部门，包括煤矿安全监察机构、消防机构。

属于《中华人民共和国监察法》规定的公职人员在行使公权力过程中发生的依法由监察机关负责调查的涉嫌安全生产犯罪案件，不适用本办法，应当依法及时移送监察机关处理。

第三条 涉嫌安全生产犯罪案件主要包括下列案件：

（一）重大责任事故案件；

（二）强令违章冒险作业案件；

（三）重大劳动安全事故案件；

（四）危险物品肇事案件；

（五）消防责任事故、失火案件；

（六）不报、谎报安全事故案件；

（七）非法采矿，非法制造、买卖、储存爆炸物，非法经营，伪造、变造、买卖国家机关公文、证件、印章等涉嫌安全生产的其他犯罪案件。

第四条 人民检察院对应急管理部门移送涉嫌安全生产犯罪案件和公安机关有关立案活动，依法实施法律监督。

第五条 各级应急管理部门、公安机关、人民检察院、人民法院应当加强协作，统一法律适用，不断完善案件移送、案情通报、信息共享等工作机制。

第六条 应急管理部门在行政执法过程中发现行使公权力的公职人员涉嫌安全生产犯罪的问题线索，或者应急管理部门、公安机关、人民检察院在查处有关违法犯罪行为过程中发现行使公权力的公职人员涉嫌贪污贿赂、失职渎职等职务违法或者职务犯罪的问题线索，应当依法及时移送监察机关处理。

第二章 日常执法中的案件移送与法律监督

第七条 应急管理部门在查处违法行为过程中发现涉嫌安全生产犯罪案件的，应当立即指定 2 名以上行政执法人员组成专案组专门负责，核实情况后提出移送涉嫌犯罪案件的书面报告。应急管理部门正职负责人或者主持工作的负责人应当自接到报告之日起 3 日内作出批准移送或者不批准移送的决定。批准移送的，应当在 24 小时内向同级公安机关移送；不批准移送的，应当将不予批准的理由记录在案。

第八条 应急管理部门向公安机关移送涉嫌安全生产犯罪案件，应当附下列材料，并将案件移送书抄送同级人民检察院。

（一）案件移送书，载明移送案件的应急管理部门名称、违法行为涉嫌犯罪罪名、案件主办人及联系电话等。案件移送书应当附移送材料清单，并加盖应急管理部门公章；

（二）案件调查报告，载明案件来源、查获情况、嫌疑人基本情况、涉嫌犯罪的事实、证据和法律依据、处理建议等；

（三）涉案物品清单，载明涉案物品的名称、数量、特征、存放地等事项，并附采取行政强制措施、现场笔录等表明涉案物品来源的相关材料；

（四）附有鉴定机构和鉴定人资质证明或者其他证明文件的检验报告或者鉴定意见；

（五）现场照片、询问笔录、电子数据、视听资料、认定意见、责令整改通知书等其他与案件有关的证据材料。

对有关违法行为已经作出行政处罚决定的，还应当附行政处罚决定书。

第九条 公安机关对应急管理部门移送的涉嫌安全生产犯罪案件，应当出具接受案件的回执或者在案件移送书的回执上签字。

第十条 公安机关审查发现移送的涉嫌安全生产犯罪案件材料不全的，应当在接受案件的 24 小时内书面告知应急管理部门在 3 日内补正。

公安机关审查发现涉嫌安全生产犯罪案件移送材料不全、证据不充分的，可以就证明有犯罪事实的相关证据要求等提出补充调查意见，由移送案件的应急管理部门补充调查。根据实际情况，公安机关可以依法自行调查。

第十一条 公安机关对移送的涉嫌安全生产犯罪案件，应当自接受案件之日起 3 日内作出立案或者不予立案的决定；涉嫌犯罪线索需要查证的，应当自接受案件之日起 7 日内作出决定；重大疑难复杂案件，经县级以上公安机关负责人批准，可以自受案之日起 30 日内作出决定。依法不予立案的，应当说明理由，相应退回案件材料。

对属于公安机关管辖但不属于本公安机关管辖的案件，应当在接受案件后 24 小时内移送有管辖权的公安机关，并书面通知移送案件的应急管理部门，抄送同级人民检察院。对不属于公安机关管辖的案件，应当在 24 小时内退回移送案件的应急管理部门。

第十二条 公安机关作出立案、不予立案决定的，应当自作出决定之日起 3 日内书面通知应急管理部门，并抄送同级人民检察院。

对移送的涉嫌安全生产犯罪案件，公安机关立案后决定撤销案件的，应当将撤销案件决定书送达移送案件的应急管理部门，并退回案卷材料。对依法应当追究行政法律责任的，可以同时提出书面建议。有关撤销案件决定书应当抄送同级人民检察院。

第十三条 应急管理部门应当自接到公安机关立案通知书之日起 3 日内将涉案物品以及与案件有关的其他材料移交公安机关，并办理交接手续。

对保管条件、保管场所有特殊要求的涉案物品，可以在公安机关采取必要措施固定留取证据后，由应急管理部门代为保管。应急管理部门应当妥善保管涉案物品，并配合公安机关、人民检察院、人民法院在办案过程中对涉案物品的调取、使用及鉴定等工作。

第十四条 应急管理部门接到公安机关不予立案的通知书后，认为依法应当由公安机关决定立案的，可以自接到不予立案通知书之日起3日内提请作出不予立案决定的公安机关复议，也可以建议人民检察院进行立案监督。

公安机关应当自收到提请复议的文件之日起3日内作出复议决定，并书面通知应急管理部门。应急管理部门对公安机关的复议决定仍有异议的，应当自收到复议决定之日起3日内建议人民检察院进行立案监督。

应急管理部门对公安机关逾期未作出是否立案决定以及立案后撤销案件决定有异议的，可以建议人民检察院进行立案监督。

第十五条 应急管理部门建议人民检察院进行立案监督的，应当提供立案监督建议书、相关案件材料，并附公安机关不予立案通知、复议维持不予立案通知或者立案后撤销案件决定及有关说明理由材料。

第十六条 人民检察院应当对应急管理部门立案监督建议进行审查，认为需要公安机关说明不予立案、立案后撤销案件的理由的，应当要求公安机关在7日内说明理由。公安机关应当书面说明理由，回复人民检察院。

人民检察院经审查认为公安机关不予立案或者立案后撤销案件理由充分，符合法律规定情形的，应当作出支持不予立案、撤销案件的检察意见。认为有关理由不能成立的，应当通知公安机关立案。

公安机关收到立案通知书后，应当在15日内立案，并将立案决定书送达人民检察院。

第十七条 人民检察院发现应急管理部门不移送涉嫌安全生产

犯罪案件的，可以派员查询、调阅有关案件材料，认为应当移送的，应当提出检察意见。应急管理部门应当自收到检察意见后3日内将案件移送公安机关，并将案件移送书抄送人民检察院。

第十八条 人民检察院对符合逮捕、起诉条件的犯罪嫌疑人，应当依法批准逮捕、提起公诉。

人民检察院对决定不起诉的案件，应当自作出决定之日起3日内，将不起诉决定书送达公安机关和应急管理部门。对依法应当追究行政法律责任的，可以同时提出检察意见，并要求应急管理部门及时通报处理情况。

第三章 事故调查中的案件移送与法律监督

第十九条 事故发生地有管辖权的公安机关根据事故的情况，对涉嫌安全生产犯罪的，应当依法立案侦查。

第二十条 事故调查中发现涉嫌安全生产犯罪的，事故调查组或者负责火灾调查的消防机构应当及时将有关材料或者其复印件移交有管辖权的公安机关依法处理。

事故调查过程中，事故调查组或者负责火灾调查的消防机构可以召开专题会议，向有管辖权的公安机关通报事故调查进展情况。

有管辖权的公安机关对涉嫌安全生产犯罪案件立案侦查的，应当在3日内将立案决定书抄送同级应急管理部门、人民检察院和组织事故调查的应急管理部门。

第二十一条 对有重大社会影响的涉嫌安全生产犯罪案件，上级公安机关采取挂牌督办、派员参与等方法加强指导和督促，必要时，可以按照有关规定直接组织办理。

第二十二条 组织事故调查的应急管理部门及同级公安机关、人民检察院对涉嫌安全生产犯罪案件的事实、性质认定、证据采信、法律适用以及责任追究有意见分歧的，应当加强协调沟通。必要时，可以就法律适用等方面问题听取人民法院意见。

第二十三条　对发生一人以上死亡的情形，经依法组织调查，作出不属于生产安全事故或者生产安全责任事故的书面调查结论的，应急管理部门应当将该调查结论及时抄送同级监察机关、公安机关、人民检察院。

第四章　证据的收集与使用

第二十四条　在查处违法行为的过程中，有关应急管理部门应当全面收集、妥善保存证据材料。对容易灭失的痕迹、物证，应当采取措施提取、固定；对查获的涉案物品，如实填写涉案物品清单，并按照国家有关规定予以处理；对需要进行检验、鉴定的涉案物品，由法定检验、鉴定机构进行检验、鉴定，并出具检验报告或者鉴定意见。

在事故调查的过程中，有关部门根据有关法律法规的规定或者事故调查组的安排，按照前款规定收集、保存相关的证据材料。

第二十五条　在查处违法行为或者事故调查的过程中依法收集制作的物证、书证、视听资料、电子数据、检验报告、鉴定意见、勘验笔录、检查笔录等证据材料以及经依法批复的事故调查报告，在刑事诉讼中可以作为证据使用。

事故调查组依照有关规定提交的事故调查报告应当由其成员签名。没有签名的，应当予以补正或者作出合理解释。

第二十六条　当事人及其辩护人、诉讼代理人对检验报告、鉴定意见、勘验笔录、检查笔录等提出异议，申请重新检验、鉴定、勘验或者检查的，应当说明理由。人民法院经审理认为有必要的，应当同意。人民法院同意重新鉴定申请的，应当及时委托鉴定，并将鉴定意见告知人民检察院、当事人及其辩护人、诉讼代理人；也可以由公安机关自行或者委托相关机构重新进行检验、鉴定、勘验、检查等。

第五章　协 作 机 制

第二十七条　各级应急管理部门、公安机关、人民检察院、人民法院应当建立安全生产行政执法与刑事司法衔接长效工作机制。明确本单位的牵头机构和联系人，加强日常工作沟通与协作。定期召开联席会议，协调解决重要问题，并以会议纪要等方式明确议定事项。

各省、自治区、直辖市应急管理部门、公安机关、人民检察院、人民法院应当每年定期联合通报辖区内有关涉嫌安全生产犯罪案件移送、立案、批捕、起诉、裁判结果等方面信息。

第二十八条　应急管理部门对重大疑难复杂案件，可以就刑事案件立案追诉标准、证据的固定和保全等问题咨询公安机关、人民检察院；公安机关、人民检察院可以就案件办理中的专业性问题咨询应急管理部门。受咨询的机关应当及时答复；书面咨询的，应当在7日内书面答复。

第二十九条　人民法院应当在有关案件的判决、裁定生效后，按照规定及时将判决书、裁定书在互联网公布。适用职业禁止措施的，应当在判决、裁定生效后10日内将判决书、裁定书送达罪犯居住地的县级应急管理部门和公安机关，同时抄送罪犯居住地的县级人民检察院。具有国家工作人员身份的，应当将判决书、裁定书送达罪犯原所在单位。

第三十条　人民检察院、人民法院发现有关生产经营单位在安全生产保障方面存在问题或者有关部门在履行安全生产监督管理职责方面存在违法、不当情形的，可以发出检察建议、司法建议。有关生产经营单位或者有关部门应当按规定及时处理，并将处理情况书面反馈提出建议的人民检察院、人民法院。

第三十一条　各级应急管理部门、公安机关、人民检察院应当运用信息化手段，逐步实现涉嫌安全生产犯罪案件的网上移送、网上受理和网上监督。

第六章　附　　则

第三十二条　各省、自治区、直辖市的应急管理部门、公安机关、人民检察院、人民法院可以根据本地区实际情况制定实施办法。

第三十三条　本办法自印发之日起施行。

建设项目安全设施“三同时”监督管理办法

（2010年12月14日国家安全生产监管总局令第36号公布　根据2015年4月2日《国家安全监管总局关于修改〈《生产安全事故报告和调查处理条例》罚款处罚暂行规定〉等四部规章的决定》修订）

第一章　总　　则

第一条　为加强建设项目安全管理，预防和减少生产安全事故，保障从业人员生命和财产安全，根据《中华人民共和国安全生产法》和《国务院关于进一步加强企业安全生产工作的通知》等法律、行政法规和规定，制定本办法。

第二条　经县级以上人民政府及其有关主管部门依法审批、核准或者备案的生产经营单位新建、改建、扩建工程项目（以下统称建设项目）安全设施的建设及其监督管理，适用本办法。

法律、行政法规及国务院对建设项目安全设施建设及其监督管理另有规定的，依照其规定。

第三条　本办法所称的建设项目安全设施，是指生产经营单位在生产经营活动中用于预防生产安全事故的设备、设施、装置、构（建）筑物和其他技术措施的总称。

第四条 生产经营单位是建设项目安全设施建设的责任主体。建设项目安全设施必须与主体工程同时设计、同时施工、同时投入生产和使用（以下简称“三同时”）。安全设施投资应当纳入建设项目概算。

第五条 国家安全生产监督管理总局对全国建设项目安全设施“三同时”实施综合监督管理，并在国务院规定的职责范围内承担有关建设项目安全设施“三同时”的监督管理。

县级以上地方各级安全生产监督管理部门对本行政区域内的建设项目安全设施“三同时”实施综合监督管理，并在本级人民政府规定的职责范围内承担本级人民政府及其有关主管部门审批、核准或者备案的建设项目安全设施“三同时”的监督管理。

跨两个及两个以上行政区域的建设项目安全设施“三同时”由其共同的上一级人民政府安全生产监督管理部门实施监督管理。

上一级人民政府安全生产监督管理部门根据工作需要，可以将其负责监督管理的建设项目安全设施“三同时”工作委托下一级人民政府安全生产监督管理部门实施监督管理。

第六条 安全生产监督管理部门应当加强建设项目安全设施建设的日常安全监管，落实有关行政许可及其监管责任，督促生产经营单位落实安全设施建设责任。

第二章 建设项目安全预评价

第七条 下列建设项目在进行可行性研究时，生产经营单位应当按照国家规定，进行安全预评价：

（一）非煤矿矿山建设项目；

（二）生产、储存危险化学品（包括使用长输管道输送危险化学品，下同）的建设项目；

（三）生产、储存烟花爆竹的建设项目；

（四）金属冶炼建设项目；

（五）使用危险化学品从事生产并且使用量达到规定数量的化工建设项目（属于危险化学品生产的除外，下同）；

（六）法律、行政法规和国务院规定的其他建设项目。

第八条 生产经营单位应当委托具有相应资质的安全评价机构，对其建设项目进行安全预评价，并编制安全预评价报告。

建设项目安全预评价报告应当符合国家标准或者行业标准的规定。

生产、储存危险化学品的建设项目和化工建设项目安全预评价报告除符合本条第二款的规定外，还应当符合有关危险化学品建设项目的规定。

第九条 本办法第七条规定以外的其他建设项目，生产经营单位应当对其安全生产条件和设施进行综合分析，形成书面报告备查。

第三章 建设项目安全设施设计审查

第十条 生产经营单位在建设项目初步设计时，应当委托有相应资质的设计单位对建设项目安全设施同时进行设计，编制安全设施设计。

安全设施设计必须符合有关法律、法规、规章和国家标准或者行业标准、技术规范的规定，并尽可能采用先进适用的工艺、技术和可靠的设备、设施。本办法第七条规定的建设项目安全设施设计还应当充分考虑建设项目安全预评价报告提出的安全对策措施。

安全设施设计单位、设计人应当对其编制的设计文件负责。

第十一条 建设项目安全设施设计应当包括下列内容：

（一）设计依据；

（二）建设项目概述；

（三）建设项目潜在的危险、有害因素和危险、有害程度及周边环境安全分析；

（四）建筑及场地布置；

（五）重大危险源分析及检测监控；

（六）安全设施设计采取的防范措施；

（七）安全生产管理机构设置或者安全生产管理人员配备要求；

（八）从业人员安全生产教育和培训要求；

（九）工艺、技术和设备、设施的先进性和可靠性分析；

（十）安全设施专项投资概算；

（十一）安全预评价报告中的安全对策及建议采纳情况；

（十二）预期效果以及存在的问题与建议；

（十三）可能出现的事故预防及应急救援措施；

（十四）法律、法规、规章、标准规定需要说明的其他事项。

第十二条 本办法第七条第（一）项、第（二）项、第（三）项、第（四）项规定的建设项目安全设施设计完成后，生产经营单位应当按照本办法第五条的规定向安全生产监督管理部门提出审查申请，并提交下列文件资料：

（一）建设项目审批、核准或者备案的文件；

（二）建设项目安全设施设计审查申请；

（三）设计单位的设计资质证明文件；

（四）建设项目安全设施设计；

（五）建设项目安全预评价报告及相关文件资料；

（六）法律、行政法规、规章规定的其他文件资料。

安全生产监督管理部门收到申请后，对属于本部门职责范围内的，应当及时进行审查，并在收到申请后5个工作日内作出受理或者不予受理的决定，书面告知申请人；对不属于本部门职责范围内的，应当将有关文件资料转送有审查权的安全生产监督管理部门，并书面告知申请人。

第十三条 对已经受理的建设项目安全设施设计审查申请，安全生产监督管理部门应当自受理之日起20个工作日内作出是否批准的决定，并书面告知申请人。20个工作日内不能作出决定的，经本部门负责人批准，可以延长10个工作日，并应当将延长期限的理由书面告知申请人。

第十四条 建设项目安全设施设计有下列情形之一的，不予批准，并不得开工建设：

（一）无建设项目审批、核准或者备案文件的；

（二）未委托具有相应资质的设计单位进行设计的；

（三）安全预评价报告由未取得相应资质的安全评价机构编制的；

（四）设计内容不符合有关安全生产的法律、法规、规章和国家标准或者行业标准、技术规范的规定的；

（五）未采纳安全预评价报告中的安全对策和建议，且未作充分论证说明的；

（六）不符合法律、行政法规规定的其他条件的。

建设项目安全设施设计审查未予批准的，生产经营单位经过整改后可以向原审查部门申请再审。

第十五条 已经批准的建设项目及其安全设施设计有下列情形之一的，生产经营单位应当报原批准部门审查同意；未经审查同意的，不得开工建设：

（一）建设项目的规模、生产工艺、原料、设备发生重大变更的；

（二）改变安全设施设计且可能降低安全性能的；

（三）在施工期间重新设计的。

第十六条 本办法第七条第（一）项、第（二）项、第（三）项和第（四）项规定以外的建设项目安全设施设计，由生产经营单位组织审查，形成书面报告备查。

第四章 建设项目安全设施施工和竣工验收

第十七条 建设项目安全设施的施工应当由取得相应资质的施工单位进行，并与建设项目主体工程同时施工。

施工单位应当在施工组织设计中编制安全技术措施和施工现场临时用电方案，同时对危险性较大的分部分项工程依法编制专项施工方案，并附具安全验算结果，经施工单位技术负责人、总监理工程师签字后实施。

施工单位应当严格按照安全设施设计和相关施工技术标准、规范施工，并对安全设施的工程质量负责。

第十八条 施工单位发现安全设施设计文件有错漏的，应当及时向生产经营单位、设计单位提出。生产经营单位、设计单位应当及时处理。

施工单位发现安全设施存在重大事故隐患时，应当立即停止施工并报告生产经营单位进行整改。整改合格后，方可恢复施工。

第十九条 工程监理单位应当审查施工组织设计中的安全技术措施或者专项施工方案是否符合工程建设强制性标准。

工程监理单位在实施监理过程中，发现存在事故隐患的，应当要求施工单位整改；情况严重的，应当要求施工单位暂时停止施工，并及时报告生产经营单位。施工单位拒不整改或者不停止施工的，工程监理单位应当及时向有关主管部门报告。

工程监理单位、监理人员应当按照法律、法规和工程建设强制性标准实施监理，并对安全设施工程的工程质量承担监理责任。

第二十条 建设项目安全设施建成后，生产经营单位应当对安全设施进行检查，对发现的问题及时整改。

第二十一条 本办法第七条规定的建设项目竣工后，根据规定建设项目需要试运行（包括生产、使用，下同）的，应当在正式投入生产或者使用前进行试运行。

试运行时间应当不少于30日，最长不得超过180日，国家有关部门有规定或者特殊要求的行业除外。

生产、储存危险化学品的建设项目和化工建设项目，应当在建设项目试运行前将试运行方案报负责建设项目安全许可的安全生产监督管理部门备案。

第二十二条 本办法第七条规定的建设项目安全设施竣工或者试运行完成后，生产经营单位应当委托具有相应资质的安全评价机构对安全设施进行验收评价，并编制建设项目安全验收评价报告。

建设项目安全验收评价报告应当符合国家标准或者行业标准的规定。

生产、储存危险化学品的建设项目和化工建设项目安全验收评价报告除符合本条第二款的规定外，还应当符合有关危险化学品建设项目的规定。

第二十三条 建设项目竣工投入生产或者使用前，生产经营单位应当组织对安全设施进行竣工验收，并形成书面报告备查。安全设施竣工验收合格后，方可投入生产和使用。

安全监管部门应当按照下列方式之一对本办法第七条第（一）项、第（二）项、第（三）项和第（四）项规定建设项目的竣工验收活动和验收结果的监督核查：

（一）对安全设施竣工验收报告按照不少于总数10%的比例进行随机抽查；

（二）在实施有关安全许可时，对建设项目安全设施竣工验收报告进行审查。

抽查和审查以书面方式为主。对竣工验收报告的实质内容存在疑问，需要到现场核查的，安全监管部门应当指派两名以上工作人员对有关内容进行现场核查。工作人员应当提出现场核查意见，并如实记录在案。

第二十四条 建设项目的安全设施有下列情形之一的，建设单位不得通过竣工验收，并不得投入生产或者使用：

（一）未选择具有相应资质的施工单位施工的；

（二）未按照建设项目安全设施设计文件施工或者施工质量未达到建设项目安全设施设计文件要求的；

（三）建设项目安全设施的施工不符合国家有关施工技术标准的；

（四）未选择具有相应资质的安全评价机构进行安全验收评价或者安全验收评价不合格的；

（五）安全设施和安全生产条件不符合有关安全生产法律、法规、规章和国家标准或者行业标准、技术规范规定的；

（六）发现建设项目试运行期间存在事故隐患未整改的；

（七）未依法设置安全生产管理机构或者配备安全生产管埋人员的；

（八）从业人员未经过安全生产教育和培训或者不具备相应资格的；

（九）不符合法律、行政法规规定的其他条件的。

第二十五条 生产经营单位应当按照档案管理的规定，建立建设项目安全设施“三同时”文件资料档案，并妥善保存。

第二十六条 建设项目安全设施未与主体工程同时设计、同时施工或者同时投入使用的，安全生产监督管理部门对与此有关的行政许可一律不予审批，同时责令生产经营单位立即停止施工、限期改正违法行为，对有关生产经营单位和人员依法给予行政处罚。

第五章 法律责任

第二十七条 建设项目安全设施“三同时”违反本办法的规定，安全生产监督管理部门及其工作人员给予审批通过或者颁发有关许可证的，依法给予行政处分。

第二十八条 生产经营单位对本办法第七条第（一）项、第（二）项、第（三）项和第（四）项规定的建设项目有下列情形之一的，责令停止建设或者停产停业整顿，限期改正；逾期未改正的，处50万元以上100万元以下的罚款，对其直接负责的主管人员和其他直接责任人员处2万元以上5万元以下的罚款；构成犯罪的，依照刑法有关规定追究刑事责任：

（一）未按照本办法规定对建设项目进行安全评价的；

（二）没有安全设施设计或者安全设施设计未按照规定报经安全生产监督管理部门审查同意，擅自开工的；

（三）施工单位未按照批准的安全设施设计施工的；

（四）投入生产或者使用前，安全设施未经验收合格的。

第二十九条 已经批准的建设项目安全设施设计发生重大变更，生产经营单位未报原批准部门审查同意擅自开工建设的，责令限期改正，可以并处1万元以上3万元以下的罚款。

第三十条 本办法第七条第（一）项、第（二）项、第（三）项和第（四）项规定以外的建设项目有下列情形之一的，对有关生产经营单位责令限期改正，可以并处5000元以上3万元以下的罚款：

（一）没有安全设施设计的；

（二）安全设施设计未组织审查，并形成书面审查报告的；

（三）施工单位未按照安全设施设计施工的；

（四）投入生产或者使用前，安全设施未经竣工验收合格，并形成书面报告的。

第三十一条 承担建设项目安全评价的机构弄虚作假、出具虚假报告，尚未构成犯罪的，没收违法所得，违法所得在10万元以上的，并处违法所得二倍以上五倍以下的罚款；没有违法所得或者违法所得不足10万元的，单处或者并处10万元以上20万元以下的罚款，对其直接负责的主管人员和其他直接责任人员处2万元以上5万元以下的罚款；给他人造成损害的，与生产经营单位承担连带赔偿责任。

对有前款违法行为的机构，吊销其相应资质。

第三十二条 本办法规定的行政处罚由安全生产监督管理部门决定。法律、行政法规对行政处罚的种类、幅度和决定机关另有规定的，依照其规定。

安全生产监督管理部门对应当由其他有关部门进行处理的“三同时”问题，应当及时移送有关部门并形成记录备查。

第六章 附 则

第三十三条 本办法自2011年2月1日起施行。

ISBN 978-7-5216-1932-4

9 787521 619324 >

定价：25.00元

图书在版编目（CIP）数据

中华人民共和国安全生产法新旧对照与重点解读/中国法制出版社编著.—北京：中国法制出版社，2021.6（2022.7重印）

ISBN 978－7－5216－1932－4

Ⅰ.①中… Ⅱ.①中… Ⅲ.①安全生产法－法律解释－中国 Ⅳ.①D922.545

中国版本图书馆CIP数据核字（2021）第096581号

责任编辑　王林林　　　　封面设计　蒋　怡

中华人民共和国安全生产法新旧对照与重点解读

ZHONGHUA RENMIN GONGHEGUO ANQUAN SHENGCHANFA XINJIU DUIZHAO YU ZHONGDIAN JIEDU

经销/新华书店

印刷/三河市国英印务有限公司

开本/850毫米×1168毫米　32开　　　　印张/6.5　字数/153千

版次/2021年6月第1版　　　　2022年7月第6次印刷

中国法制出版社出版

书号ISBN 978－7－5216－1932－4　　　　定价：25.00元

北京西单横二条2号

邮政编码100031　　　　传真：010－66031119

网址：http：//www.zgfzs.com　　　　**编辑部电话：010－66067369**

市场营销部电话：010－66033393　　　　**邮购部电话：010－66033288**

（如有印装质量问题，请与本社印务部联系调换。电话：010－66032926）